论国家的作用

[德]威廉·冯·洪堡　著
林荣远　冯兴元　译

中国社会科学出版社

（京）新登字 030 号

图书在版编目（CIP）数据

论国家的作用／（德）洪堡著；林荣远，冯兴元译．—北京：中国社会科学出版社，2015.11（2022.2 重印）

（西方现代思想丛书）

ISBN 978-7-5161-7555-2

Ⅰ.①论…　Ⅱ.①洪…②林…③冯…　Ⅲ.①国家职能-研究　Ⅳ.①D031

中国版本图书馆 CIP 数据核字（2016）第 018083 号

出 版 人	赵剑英
责任编辑	李庆红
责任校对	张慧玉
责任印制	张雪娇

出　　　版	中国社会科学出版社
社　　　址	北京鼓楼西大街甲 158 号
邮　　　编	100720
网　　　址	http://www.csspw.cn
发 行 部	010-84083685
门 市 部	010-84029450
经　　　销	新华书店及其他书店

印刷装订	北京君升印刷有限公司
版　　　次	1998 年 3 月第 1 版
印　　　次	2022 年 2 月第 5 次印刷

开　　　本	880×1230　1/32
印　　　张	6.5
插　　　页	2
字　　　数	200 千字
定　　　价	28.00 元

凡购买中国社会科学出版社图书，如有质量问题请与本社营销中心联系调换

电话：010-84083683

《西方现代思想丛书》之一

主　　编　冯隆灏

编委会委员(按姓氏笔划为序)

　　　　　　冯兴元　曲克敏　孟艺达

　　　　　　陆立衡　青　泯　柯汉民

译者的话

威廉·冯·洪堡(Wilhelm von Humboldt, 1767—1835 年)是德国近代著名的自由主义政治思想家、教育家、外交家、比较语言学家和语言哲学家。

威廉·冯·洪堡 1767 年出生于波茨坦的一个贵族家庭。洪堡家族来自波米尼亚,1738 年被授予贵族称号。威廉的祖父和父亲均为普鲁士军官。

威廉和他的弟弟亚历山大(探险家、自然科学家、地理学家)少年时期的家庭教师是德国最早的民主主义者之一约·亨·坎帕(Joachim Heinrich Campe, 1746—1818 年)。洪堡兄弟在早期的家庭教育中接受了启蒙哲学思想和约翰·洛克和让·卢梭等人的民主平等的思想教育,这对他们后来的成长无疑具有十分重大的影响。

1787 年威廉 20 岁时,与弟弟亚历山大一起,由另一位家庭教师戈特洛普·J.C.昆特(Gottlob J.C. Kunth)陪同,到奥得河畔的法兰克福去上大学。威廉开始学习有关财政学和法学课程,为日后的仕途作准备。洪堡兄弟夏天常常在柏林度假,柏林是当时启蒙思想比较活跃的地方。

1788 年,威廉转学到哥廷根大学。这一年对他的一生具有重大意义。摆脱家庭教师的督促后,他感到自由了,于是放弃了在法兰克福所学的学科,按照自己的兴趣,改读哲学、历史和古代语言,特别是希腊语。这年,他开始阅读康德陆续发表的著作。康德的文章帮助他摆脱了当时还占主导地位的启蒙思想的僵化。这种思想上的解放成为他早期著作的起点，也是他后来同席勒和歌德诚挚的、富有成果的交往的基础。也是在这一年，他结识了后来（1891年）结发为妻的贵族小姐卡罗琳娜·冯·达赫罗登（Caroline von Dacheroeden）。

随后几年，他在旅行、照看岳父的农庄地产和写作中度过，偶尔也当过地方政府机构的小职员。1794年，他迁居耶拿。

1802年，威廉·冯·洪堡被普鲁士国王任命为驻罗马教廷的代办，开始其外交生涯。不过，这并非是他从内心里想报效国家和国王，而是对德国、普鲁士和柏林感到厌倦。他和他的妻子早就向往罗马这个古代文化的宝库。同时，驻教廷代办当时是一个闲职，无足轻重。因为1798年法国军队占领罗马，教会国家被取消，教皇庇护六世被俘虏到法国。1801年，波拿巴与庇护七世签订教廷条约，允许教皇有一个政治上毫无意义的、所谓"等待废黜的"残存国家。1808年，罗马教会国家被法国重新占领和兼并，直到1810年拿破仑帝国崩溃。1806年，威廉·冯·洪堡被普鲁士国王授予"全权驻任公使"称号。在罗马任职期间，除了一些领事业务外，他利用在罗马的时机，研究古代的历史和文化，尤其是古代希腊的文化。

1808年他离开罗马。1809年12月普鲁士国王弗里德里希·威廉三世任命威廉·冯·洪堡为国务枢密顾问和内务部文教局局长。但是，他的教育改革和他的思想得不到专制国王的赏识。1810年4月，国王发布谕旨，称国务枢密顾问仅仅具有临时咨询性质，不拥有决策权限，也没有改变威廉·冯·洪堡所在的内务部一个部门负责人的地位，即没有提升他为大臣。这就刺伤了他的尊严，他愤然提交辞呈，同时希冀国王会改变初衷，或者给予补救。巨料，国王顺水推舟，接受了他的辞职请求，改派其出任驻维也纳公使（享有大臣级待遇）。6月底，他离开内务部文教局。

尽管威廉·冯·洪堡主持文教事务仅仅 6 个月,但他却是德国历史上最有影响的文教大臣(如果可以这样称呼的话)。他的文化政策影响深远。他根据瑞士教育家和社会改革家裴斯塔洛奇(Johannes Heinrich Pestalozzi,1746—1827 年)的教育思想,创建了普鲁士文理中学。尽管德国的教育制度 200 年来历尽沧桑,但文理中学制度一直保持至今,基本未变,可见其教育改革影响之深远。洪堡认为,小学、文理中学和大学应该结为一体。这在当时无疑是一种培养贵族子弟的教育思想。此外,他在 1810 年还创建了柏林大学(今柏林洪堡大学)。

1810 年威廉·冯·洪堡重返外交岗位。曾几何时,当 1802 年他就任普鲁士王国驻罗马教廷代办之际,拿破仑之星正开始炯炯升起,1808 年他离开罗马之时,拿破仑之星如日中天,法国皇帝在欧洲真可谓不可一世,而普鲁士和德意志民族则支离破碎,对拿破仑俯首称臣,沦为法国的附庸。世界的画面瞬息万变,历史的人物行迹匆匆。当威廉·冯·洪堡赴维也纳就任之际,拿破仑帝国已经覆亡,而普鲁士则死里逃生,东山再起。这次,洪堡的任务不再是无足轻重的闲职,而是重任在肩,任重而道远。1814—1815 年,他作为当时普鲁士首相大臣冯·哈登贝格(K.A. von Hardenberg,1750—1822年)之副手参加维也纳会议。维也纳会议的主要目的是拿破仑战争之后在欧洲重建和平,重划势力范围。对于普鲁士来说,当务之急是克服民族的四分五裂,实现统一。当时,歌德就对德意志人民的四分五裂感到有"切肤之痛",费希特(J. G. Fichte,1762—1814 年)则把民族的统一看作"今日德意志人的天职"。威廉·冯·洪堡在会议期间力主德国的统一。但是,在德意志民族范围内,普鲁士的对手奥地利首相梅特涅认为,德意志民族的统一是对欧洲和平之威胁。普鲁士的愿望未能实现。维也纳会议最后于 1815 年达成普、奥、俄三国的"神圣同盟"。德国统一即使采取"小解决办法"(不包括奥地利),也仍然有着漫长而艰难的道路。

维也纳会议之后,威廉·冯·洪堡先后代表普鲁士出席各种国际会议和德意志民族的联邦会议。1817 年他出任驻英国公使至 1818 年 10 月。

1819 年 1 月,普鲁士国王任命他为"等级事务大臣",8 月就任大臣职务。但因与首相冯·哈登贝格政见分歧,发生冲突,其中包括对 1819 年 3 月卡尔斯巴德决议的分歧。卡尔斯巴德决议规定严格控制大学和强化新闻书刊检查。洪堡持自由主义立场,强烈反对这一决议。同年 12 月 31 日,弗里德里希·威廉国王解除他的大臣和国务枢密顾问之职。这也是其政治生涯的结束。虽然 1830 年他又被任命为国务枢密顾问,并被授予黑鹰勋章,但那已经是属于荣誉性质的"安慰奖"了。

从 1820 年至 1835 年逝世时为止,威廉·冯·洪堡专门从事个人的学术研究,重新进行比较语言学和语言哲学的研究。①

《论国家的作用》的原文书名为:Ideen zu einem Versuch, die Grenzen der Wirksamkeit des Staates zu bestimmen (《尝试界定国家作用之界限的若干想法》,或译为《试论国家作用范围之界定》)。这部论著写作于 1792 年。威廉·冯·洪堡在青年时代既受到启蒙运动的影响,又与在魏玛的其他追随启蒙运动的朋友们不同。他系统地研究了如何建立社会和国家的问题,以及如何在现实中确定和划分个人和国家的关系。他更倾向于康德的思想,更着重于研究古希腊。1791 年他在致弗里德里希·冯·根茨(Friedrich von Gentz,1764—1832 年)的一封信里就谈到 1789 年法国革命后

---

① 关于威廉·冯·洪堡的生平和事迹,请参阅两本书:赫伯特·斯库拉(Herbert Scurla)《威廉·冯·洪堡的生平与事迹》(第 3 版)(Wilhelm von Humbodt —— Werden und Wirken),柏林:Verlag der Nation 出版社 1985 年版;彼得·贝格拉《威廉·冯·洪堡传》(Wilhelm von Humboldt),汉堡:Rowohlt 出版社 1970 年版。本文关于洪堡的介绍,主要根据这两部传记。

的法国宪法,这封信以《由法国新宪法所想到的关于国家宪法的若干设想》为题,发表于1792年的《柏林月刊》上。他在信中抨击冯·达尔贝格(K. Th. von Dalberg,1744—1812年)关于"政府必须关心民族的、物质的和道德的幸福和福利的原则",认为这种原则是"最胆怯的和最咄咄逼人的专制主义"。冯·达尔贝格是美因兹的王公,主张开明专制。实际上,这封信表明了洪堡谴责当时普鲁士和奥地利的开明专制的基本态度。可以说,它是写作《论国家的作用》的前奏。

但是在作者生前,由于当时书刊检查严厉,《论国家的作用》从未全文发表过,只发表了少数章节。在席勒主持的《塔利亚》(Thalia,1792年第5期)发表过《国家许可在多大程度上关怀公民的福利?》,在《柏林月刊》上刊印过《关于国家关心抵御外侮、维护安全的责任》(1792年10月)和《关于通过国家机构改善社会习俗》(1792年11月)。1851年,即文章面世后60年和作者逝世后16年,这部著作才得以全文出版。

1848—1849年德国资产阶级革命失败后,自由主义的国家思想陷入困境,被迫处于守势,人们需要从自由主义的立场来论述国家的著作,于是,洪堡青年时代的著作被全文发表,被看作德国自由主义的《大宪章》(Magna Charta)而大肆宣扬。著作的发表也确实获得巨大效果。从那以后,《论国家的作用》就一版再版,尤其在德国的专制极权国家制度失败之后,如1918年威廉帝国崩溃之后和1945年希特勒的第三帝国覆亡之后,人们更是不忘重新刊印洪堡的这部论著。

早在1789年法国大革命之前,德国的思想界,尤其是德国哲学就受到英国的约翰·洛克等自由思想和法国的卢梭等启蒙思想的影响。康德、费希特和黑格尔是18世纪德国最著名的哲学家和政治思想家。他们都在不同程度上接受启蒙思想和法国资产阶级革命的思想,并企图在理论上完全移植到德国来。威廉·

冯·洪堡也深受法国革命的影响。法国革命之后,他也曾短期去过巴黎旅行,目睹了法国革命之后的现状。同这三位哲学家相比,他的社会观和国家观与康德和费希特更接近些,尤其受到康德自由思想的深刻影响。与此相反,他的社会观和国家观与黑格尔相去甚远,甚至背道而驰。

康德的社会理想可概括为他提出的三条公论:1.人人自由;2.人人平等;3.人人自主。这就是建立资产阶级共和国。按照康德的观点,要建立这种国家,就必须遵循三项原则:"1.宪法规定的自由……;2.公民的平等……;3.政治上的独立(自主)……。"①贯穿《论国家的作用》的主题是最大限度地限制国家的作用,在这里,处处可以看到与康德观点的近似或一致。

费希特认为,社会的目的是保障自由,改善人类。他还认为,社会和国家不是一回事儿,国家不是目的本身,而纯粹是手段。②在洪堡这部政治学著作里,也一再反复强调这种观点。费希特成为洪堡亲手创建柏林大学的哲学教授和第一任校长,大概与他们在政治思想观点上的一致或接近不无关系。

黑格尔也主张建立市民社会,但他更多地强调市民社会是满足其成员私欲的手段。黑格尔特别强调国家的普遍性。"国家是伦理理念的现实","国家是具体自由的现实"。③黑格尔用抬高国家的普遍性来压制"自由意志"。马克思对黑格尔的国家观有着形象而正确的评价:"黑格尔对国家精神、伦理精神、国家意识崇拜得五体投地。"④黑格尔的国家崇拜、国家至上主义与威廉·冯·洪堡自由主义的国家观是根本格格不入、背道而驰的。

威廉·冯·洪堡认为,国家本身不是目的,国家的基本任务是

---

① 《西方法律思想史资料选编》,北京大学出版社 1983 年版,第 419—420 页。

② 参阅费希特《论学者的使命》,商务印书馆 1982 年版,第 17—18 页。

③ 黑格尔:《法哲学原理》,商务印书馆 1982 年版,第 270 页。

④ 《马克思恩格斯全集》第一卷,人民出版社 1956 年版,第 320 页。

保障人的自由。在他看来,人在国家里处于中心的位置。洪堡的观点似乎没有超越洛克、孟德斯鸠和卢梭的路线。但是,区别还是存在的。例如,卢梭认为,人倘若从包括国家文明的强迫中解放出来,将会干脆回归到健康的、原始的状态中去。相反,洪堡看到的则是未来的目标:按其个性特点,最充分和最匀称地培养教育人的力量。① 这是德国的唯理主义的教育理想,费希特也有类似的主张:自由是"自我"的本质,自由是人类生活的要素和最高原则。② 洪堡对于这个目的更多地是从个性和习俗方面来界定的:人愈是自由,他本身就愈是独立自主,愈是会善意对待他人。③ 他认为,"人共同生存的最高理想,是每人都只从他自身并且仅为他自己而发育成长"④。国家必须做的事情就要服务于这个理想——首先是不得提出一些强迫让个人与个人相结合的要求来破坏这种理想。作为卢梭的门徒,洪堡认为,人本身更倾向于慈善的、而不是自私的行为⑤,因此不需要有什么特别的宗教信仰来促进道德精神:宗教信仰和完全没有宗教信仰对道德精神都能具有良好的结果。⑥

洪堡认为,国家不能通过法律来促成公民积极的行为——相反,只有在没有这类法律的情况下,才能产生公民的积极行为。他强调,国家有通过界定公民直接的而且仅仅涉及行为者的行为来关心安全的义务(警察法律),此外,国家有通过界定公民直接的而且恰恰是涉及他人的行为来关心安全的义务(民法法律),最后,国家有通过在法律上裁决公民争端来关心安全的义务。⑦ 总之,国家在限制它作用的界限方面,必须使各种事物真实的状况

---

① 见本书第二章。
② 参阅费希特《论学者的使命》,商务印书馆 1982 年版,第 17—18 页。
③ 见本书第七章。
④ 见本书第二章。
⑤ 见本书第八章。
⑥ 见本书第七章的"内容提要"。
⑦ 见本书第十、十一、十二章。

尽可能地接近正确的和真正的理论,如没有必要的理由,不得阻止它去这样做。①

这一切是什么意思呢?可以用威廉·冯·洪堡的另一种说法来概括:国家主要的——如果不是说唯一的——任务是关心公民的"负面的福利",即保障公民的权利不受外敌的侵犯和不受公民之间的相互侵犯。② 这就是自由主义的不干涉主义,或者叫作"放任主义"(laissez-faire)。洪堡的理想国家是自由主义的"守夜人的国家"。这正好同社会民主主义的"社会国家"或所谓的"福利国家"形成对照。社会国家对公民的"关心"应该是"从摇篮到棺材架",国家应该成为"社会的救济施主"③。如果说,后来出现的所谓社会国家越来越不堪重负,更不可能包办一切,那么,洪堡的国家方案,虽然在反对德国的专制制度方面有其积极的意义,在反对国家机器无限制膨胀和反对官僚体制对社会的步步为营方面也可能有借鉴作用,但它在实际上是行不通的。英国历史学家古奇(G. C. Gooch)早就指出:"他(洪堡)的国家只有在一种洪堡式的群体里才有可能。"④

严格地讲,有社会就有统治,有国家就有压迫。按照马克思主义的观点,国家的实质就是一个阶级对另一个阶级进行专政的工具。恩格斯指出:"国家无非是一个阶级镇压另一个阶级的机器。"⑤社会的统治阶级只有依靠国家机器才能行使国家权力,在对整个社会进行领导和管理时,强迫被统治阶级服从自己的意志。人的自由和尊严也不能像洪堡那样建立在理念的空中楼阁

---

① 见本书第十六章。

② 见本书第四章。

③ 参阅拉尔夫·达仁道夫《现代社会冲突》(德文版),斯图加特:DVA 出版社 1991 年版,第 195—200 页。

④ 转引自西格弗里德·A. 凯勒(S.A.Kaehler)《威廉·冯·洪堡和国家》(德文版)(*Wilhelm von Humbaldt und der Staat*)哥廷根 1963 年版,第 150 页。

⑤ 《马克思恩格斯选集》第二卷,人民出版社 1972 年版,第 336 页。

上,而是与社会群体的具体情况息息相关。倘若按照他的办法进行,恐怕人的自由和尊严只能听任无政府主义的宰割。而无政府状态恰恰是一份发给有极权欲者的请柬——结果正好与威廉·冯·洪堡的主张适得其反。

《论国家的作用》不失为 17 世纪末德国启蒙运动向普鲁士专制制度发出的一份挑战檄文,它在德国的政治思想史上具有不可忽视的历史意义,对我们了解近代德国政治思想史乃至德国自由主义的发展仍然具有认识价值。因此,尽管它诞生在 200 多年之前,但仍值得把它翻译介绍给中国的读者,以丰富我们对西方主要思想流派的认识。

原著有些段落很长,译者根据个人的判断,把一些太长的段落分得短一些。另外,原著作者注释放在正文书页下方,编者注释放在全书正文之后,译本把注释(包括译者所加的少量译注)统统放在正文书页下方,方便读者阅读。原著书末附有书稿刊印、手稿保存、丢失以及某些文字演变说明,译本从略。

本书导言和附录部分由冯兴元先生翻译,其余部分由林荣远翻译,全书由孟庆龙负责统稿。原著注释里有些引文,直接引用法文,由国际关系学院张寿铭教授帮助译成汉语,个别段落直接引用拉丁文,系德国汉堡历史学家迪特里希·德泽尼斯(Dietrich Deseniss)博士帮助译为德语,在此一并致以诚挚的谢忱。

译文有不妥乃至错误之处,望读者不吝指正,译者将不胜感激。

林荣远

1997 年 6 月于北京国际关系学院

目 录①

---

　　① 本书中文版目录基本上系由原著各章眉题并参考全书目录编译而成。原著目录每章都分得很细，实际上是各章的内容提要。为方便中文版读者（而且也比较符合中文习惯），译文把原著的详细目录移至每章之前，作为该章"内容提要"。

　　——译者

导　言

克莱门斯·门策*

一

在 18 世纪 90 年代初,德国开始了一场公众大辩论。这场大辩论是由在法国发生的事件所引发的,要求彻底改变民众头脑里的政治思维方式。在该时代里,对现有国家的欠缺和不完善之处的深切感受与人们对创造一个全新的人类共同生活秩序的执着追求结合到一起——这样一个时代是从未有过的。在那些捕捉各种最新事件的小册子、报刊文章和传单里,有人在呼吁日益觉醒的公众挣脱君主立宪制的桎梏,发展一种大力反对对个人漠不关心的国家统制主义、推行和捍卫个人权利的新的政体。

年轻的威廉·冯·洪堡也热情洋溢地参加了这些充满偏见、夸张和谬误的讨论。早在 1789 年 8 月他就与年迈的老师约翰·海因

---

* 克莱门斯·门策(Clemens Menze),生于 1928 年,科隆大学教育学教授,目前已退休。他曾发表了数目众多的有关教育理论、历史教育学和系统教育学的著作,其中包括 1965 年《威廉·冯·洪堡的学说与人的教育》(Wilhelm von Humboldts Lehre und Bildung vom Menschen),1966 年《威廉·冯·洪堡与克利斯蒂安·戈特劳布·海涅》(Wilhelm von Humboldt und Christian Gottlob Heyne),1975 年《威廉·冯·洪堡的教育改革》(Die Bildungsreform Wilhelm von Humboldts)以及 1993 年《自由思想家威廉·冯·洪堡》。

里希·坎帕一起目睹了巴黎法国大革命的序幕,而没有这位老师既狂热又无加批评的自由热情,正如在洪堡《来自巴黎的信》(1790年)的字里行间所表达的那样。洪堡不赞成旧秩序,而且远远谈不上捍卫旧秩序。他那时的日记里仍然在更大程度上表现出对在巴黎的革命进程保持一种距离,以怀疑的态度关注着骚乱失控、极端口号对人们的迷惑、行动者缺乏现实感,而且他扪心自问,这样一种暴力推翻是否能够实现法国大革命的崇高理想。他不怀疑改革的必要性,但并不认为一场扫除一切传统的革命是持久改变人的处境的合适手段,他在更大程度上担忧的是,突然推翻现行制度是否会导致整个社会回到早已超越的历史阶段。洪堡因此没有自问对传统秩序修修补补是否就已足够,而是自问是否通过推行一场深刻的、首先从转变人们的意识开始的改革就能带来一种持久的改进——在这一改进中,个人作为人本身处于中心并以其人性得到尊重和承认。也就是说,他要求一种不应发生断续变化、不会一下子立足于一种全新基础上、而是以沉稳的步伐朝着个人自由方向改进的国家制度。也就是说,这一过渡不得以暴力形式进行,而是必须根据人们朝着一个更高级自由阶段的发展持续不断地做出调整,而且无断层地与各个已实现阶段拼合在一起。既不能指望以暴力摧毁旧关系,也不能指望固守传统来令人满意地改变悲苦的状况。如果借重这两种途径,人就会停留在作为单纯客体的地步,停留在作为没有发挥的潜在变化力量或者作为可交换的批量物品被人支配的地步。如果国家应该改善自身的话,那么首先是人必须振作起来,必须把自己看作自身命运的主宰。但是,这样一种转变不能通过下达命令实现,而是只能用启发方式来解决,这样,人们才能把自己从当时束缚着自身头脑的目的当中解放出来。

洪堡把这一解放意识的过程称作教育。教育是一个关键词,它借助对人的完善来诉求实现人们所渴望的对国家的改进。这一教育的基础是每个人所固有的力量,即真正先验的东西。人的终极目

标是和谐均衡地培育其独立于束缚他的头脑的目的而发展的所有
力量。洪堡因此称教育为一种普通教育，因为它没有把人功能化，
从而没有把人固定在他的个别特长上，而是首先使得人以其真实的
个性面目而出现。其前提是，人能够任其自为，并且能够按照自身
的意志发挥力量。他把自己变成了自身行动的主体，对于该主体，
教育是人权和人的义务。之所以是人权，是因为任何人作为人本身
有权培养其固有的、不可转让的个性，之所以是人的义务，是因为在
他的自我表现里，人性以一次性的方式呈现出来，并且接近那种作
为所有受教育者完美化身的没有终极的人性理想。因此，如果人类
存在失去了活力，比如由于不成熟的目标取向，那么这是一种不仅
关系到个人而且涉及人性的不利影响。从这一观点出发，24 岁的
洪堡在 1792 年春天提笔著述《论国家的作用》，向公众介绍使他心
潮澎湃的有关教育和国家的思想。

　　通过对现存国家的观察，洪堡发现了一种正在迅猛发展的势
头，那就是国家对人的真正终极目标漠不关心，把人变成"机器"。
国家期望，个人完全彻底地认同自己的任务，成为一种没有任何
个人特征的躯干，毫无独立意志地服从无穷尽的工具化的需要。
洪堡不赞成他当时在法国大革命之初从这一发展过程当中得出
的有关根据单纯的理性原则建立国家的结论，因为推行这一做法
只能导致新专制主义的产生，这种专制主义自以为在道德上高人
一等，对所有人强加它的理性理想。但是，洪堡解释道，这样一种
国家设置"不能像把嫩枝嫁接到树上那样加诸人的身上。这就好
像在没有事先经过时间和大自然精心雕琢的地方，人们用线把花
瓣儿缝在一起，而正午的首束阳光会把它们烤焦"①。这样一种

---

　　①　见卷 1 第 80 页。只要没有另行说明，所有的引文均来自《威廉·冯·洪堡文
集》，皇家普鲁士科学院编（Wilhelm von Humboldts Gesammelte Schriften. Herausgegeben
von der Königlich Preussischen Akademie der Wissenschaften），卷 1—17，1903—1937 年，
卷号为拉丁文，页码为阿拉伯文。

国家宪法是不合时宜的,因为缺乏接受它的适当时刻,而且它也是非自然的,因为它漠视那种仅仅合乎自然的发展。

如果现存国家因此通过自己成为日益加剧的对人的非人化过程的发起者,而且一个按照单纯的理性原则建立的国家大厦不能带来走向一座更好的国家大厦的转变,那么国家作为国家本身就没有能力通过推行积极的措施阻止和扭转这一过程,这是显而易见的。它因此在更大程度上由自己证明它是所有弊端的渊薮。它在对人们的善意关照中一贯用规定强加的东西,转而成为它意图的反面。事先规定下来的自由成了不自由。独立成了依赖。自由意志成了一种要求服从的命令。因为为调节它的任务,国家需要"一大堆具体机构,也需要同样多的人员"①。为了这些机构,它需要国家公务员,由它出钱支付工薪,"而且这样就出现了新的形式,新的扩编,往往还有新的限制性规定,从中又非常自然地导致了公务员的增加"②。国家的积极关怀随着国家公务员的人数增加而增加。档案柜的规模在扩大。尽可能多的人想进行检查和监督,以便排除失误。重要的与次要的、可用的和有害的都混杂在一起。次要目标排挤了决定性的终极目标,而单单这些终极目标本身就可以是一些赞同一种恰当评价的观点。其结果最后不再归功于所有那些造成这一结果的力量。在完善国家目标之实现的过程中,国家既不能强令人们享有自由,也根本不想这样做,因为通过推行这种自由,国家会自毁其运作机制。只能由那些日益变得觉悟的、开始通过推行教育摆脱国家支配权力的个人来着手克服现有关系。问题不再是人对于国家来说意味着什么,而是国家可以和必须对培养人的人性做些什么样的贡献。只有接受这样一种要求,国家才能从一种生产异化的机器转化为使得

---

① 卷 1 第 124 页及其后。
② 卷 1 第 125 页。

人道和教育成为可能的前提。国家应当放弃施加所有妨碍个人力量自由发挥的影响,尤其是也放弃所有涉及肉体舒适、个人幸福、社会富裕、风俗改善、教育、宗教和民众政治的关怀措施。这类支持行为把个人置于一般国家规则的压力之下,这些一般国家规则本应当促进所有人的福利,但是因其把福利平均化的形式主义性质会制造一种由不独立、无为、贫困组成的综合征,这种综合征会在善意的想法之上滋长,并且走向它的反面。但是从中并不产生国家作为国家本身是完全多此一举的结果。对于洪堡来说,一切东西都依赖于人的自身活动,而人的自身活动需要保护,要保障提供这种保护,这对任何个人和所有非国有社团的运作能力来说是鞭长莫及的,因为单单依靠自身,人是没有能力创造百分之百的安全的。由于没有人认为自己有能力在外来敌人之前和在内部纷争之中捍卫人的合法目的,国家的唯一目的就在于保障安全,亦即捍卫"合法自由的确定性"[1]。洪堡认为,对于一国国民,"如果他们在行使他们所拥有权利的过程中,无论是涉及他们人身还是财产,不为外部侵犯所干扰"[2],那么他们就是安全的。所有行为,如果"它们妨碍了人的某种力量的发挥,或者某种能力的享受",那么都是违法的。[3] 只有真正的犯法才使人需要一种权力,人们借助这种个人所不具备的权力必须能够对付这些犯法事件。只有国家才能创造和维持这种使人能够在没有外部干预的情况下处理其事务、实现人性目的,即没有终极的自我培养的前提条件。也就是说,它不得对最明显地表现国民生活的公民领域施加决定性的影响。通过创造可能提供安全,国家成为保障人的最大财富——即自由——的条件,自由又是接受各种教育的前提。国家必须自愿放弃根据特殊的目的驾驭国民的做法。它不得企图规定国民应该做什么、不得做什么。国家的任务是

---

[1]　卷 1 第 179 页。
[2]　同上。
[3]　同上。

防止，但不是强加，而且只有当公民自由受到威胁时，它才出面表现自己。国家目的任何其他方式的膨胀都会妨碍公民的自身活动，并引起一种对教育有害的片面影响。局限于维护安全的国家由此将成为"无矛盾的最终权力"①，它保护公民不受会走向其意图之反面的外部影响。

洪堡的这些权衡考虑表明，他既远远谈不上对国家采取鄙视的态度，也远远谈不上对它毫无保留地赞美。国家对他来说是一个为人的教育开路的不可或缺的手段。在人的权利受到侵犯时，只能向国家要求干预他的事务，因为只有国家允许拥有直接的暴力。它必须局限于对外敌来犯诉诸战争、通过法律保护公民免遭内乱。所有影响人的尊严的强制手段都是不允许的。根据洪堡的观点，其中也已包括强迫作案者接受一种教导的措施，如果这种教导的目的不会是实现一种强加的、从而是一种容易修正的改进，而是在于自我谴责，这种自我谴责必须来源于"所有行为的内在泉源"②，而且以劝告和有效的事例启发作案者产生自我义务感。即使是犯法者也不允许被剥夺人的尊严，这是一种恰恰与为洪堡根据自己的切身体验所熟知的任意惩罚行为相对立的革命看法。

二

一个民族决定不借助暴力来发展自身，这符合把国家的作用限定在保障公民合法自由确定性的范围内的做法。如果一个民族感受到了束缚它的羁绊而且有着摆脱它的强烈动机，那么它推进这样一个过程的时机才是成熟的。只有如此，它才有能力摧毁专制国家的运作机制，把它从一种统治人们生活的目的改造为保

---

① 卷 1 第 179 页。
② 见卷 1 第 219 页。

护国民免予受到暴力影响和首先使国民的自由独立生活成为可能的纯粹手段。国民把自己的事务掌握在自己的手中,把自己以国民机构和国民协会的形式组织起来,洪堡的这些国民机构和国民联合会之类的称谓是与出格的民族感情、民族主义甚或民族主义政治无关的。国民联合会源自公民的首创性,而且是出于具体的、自行确定的并由自己推行的目的而构成的。它们是对每一位公民开放的、不是持续设置的目标联合体,它们内部的成员以共同的意志统一在一起,它们的规模可以一目了然。比起那些带有较为一般目标取向的、而不是涉及某个具体情况的、"为未来不确定的情况而联合的"①较大的联合体,洪堡更偏重那些目标联合体。也就是说,洪堡想借助这些目标联合体,即通过公民协会取代既对任何影响作用负责的、又对任何细枝末节操心的旧式国家,虽然必须由国家来维护这些协会赖以正常运作它们的前提条件,但是国家不干预它们的事务。大量的国民联合会平等共处,不承认任何等级制度,相互承认各自的差别。它们的多样性符合开明国家的自身利益。若要由这样一个国家维持和规定所有公民生活领域内的秩序,那就超越了它的能力范围。这些权衡考虑的核心思想由此就在于为一国公民带来一个局面,洪堡在 1792 年 6 月 1 日给乔治·福斯特尔的信中写道,"在这样一个局面里,虽然协会通过尽量多的纽带与公民们维系在一起,但是通过尽可能少的纽带摆脱政府的束缚"②。每一个国家都应当以其自身的方式参与到其国民的思考和行为当中去。对于洪堡来说,现存的国家是"组合得如此复杂和纷乱的机器,以至于必定总是仅仅简

---

① 见卷 1 第 132 页。

② 摘自洪堡给乔治·福斯特尔的信,1792 年 6 月 1 日,载于阿尔伯特·莱茨曼编《乔治与特蕾·福斯特尔和洪堡兄弟——文件与概览》[Albert Leitzmann: Georg und There Forster und die Brüder Humboldt. Urkunden und Umrisse(Bonn 1936)],第 90 页。

单、一般和少数的法律不足以管理它"①。洪堡由此得出结论:"大多数事情总是留待那些自愿和步调一致的公民们去做。"②而且正因为如此,有必要这样去做:"通过自由引导人们组建起那些较为简单卑微的、其作用在这些或许多类似场合下能够取代国家的组织。"③这些国民的协会是在国家中的组织机构,但不是国家机构。它们构成了那些在其中所涉及者的自我参与使得启蒙和教育变得直接实用并强化了公民抗衡推行平均主义化的强制力的自身力量的机构。它们承担了国家本身无力有效承担的工作。

洪堡想借助有关国家应当退回到它的本来任务范围内并给国民创造广阔的自由空间的建议,使得立法工作有可能完成卢梭为教育革命而业已开始进行的工作。④ 卢梭想用一种由其自身给定其目的的教育来取代以暂时性目标为取向的教育艺术学,而洪堡想通过由一个开明的、善待其民的国家向国民提供由自己管理自身事务可能性的方式改革立法。国民克服障碍,从而由自己创造出一个新国家。他们的行动斗志源自那种精神上的舒坦气氛,也就是说这些行动本身就是和谐的,并且应该比通过它们所带来的效果更应得到重视,因为人不是为自己活着的,正如他不是生活在一个封闭的空间内。作为其本质上就是社会动物的人,他需要其他人,而且只有在社会里他才能实现进步,并且随着由此日增的自由获得宽容和尊敬。为了调节协会成员们在实现或者避免某些特定目的方面的共同作用,就需要作为这些联合组织的基础的契约,这一契约不包括细节性的规定,而是只限于对关键性的核心要点的规定。所有国民协会的根本条件是自愿、一致性、自治原则和总括以及贯穿了这些因素的教育原则。

---

① 见卷 1 第 157 页。
② 见卷 1 第 157 页及其后。
③ 见卷 1 第 188 页。
④ 见卷 1 第 162 页。

　　自愿选择的规则取代了国家规则。每一个协会构成了一个属于自己的开放社会。任何想为贯彻建会目的做出贡献的人，都不得被排除在协会大门之外。每一个人都认同所作出的决定并且以比接受一项由国家颁布和强制实施的条例更大的热情对这一决定的实施做出贡献。为了进一步强化协会的联系，洪堡把一致性原则和自愿原则联系在一起。从中产生出一种对代表性原则的保留态度，因为任何人的个人自由权利都不允许受到伤害。一种意愿必须把所有人拴在一起。要追求共同目标就不允许不一致性存在，因为共同的任务关系到每一个人。这也包含了协会可总体把握的特性，而在大城市的一些大型联合会里，这种特性容易丧失。早在1789年8月在巴黎逗留期间，洪堡就发现了大型组织对个人的无所谓态度和缺乏爱心的态度，并且强调道，"在芸芸众生中，在大量的形形色色的利益中，个人的价值显得较为微不足道，人们对人类的贫困变得更为无动于衷，因为人们看到贫困以如此多样的形态存在于世，而且最终倾向于这样思考问题：在大城市里的人们，部分由于存在为所有事情操心的警察的缘故，部分由于大城市存在能够满足所有需要的很大便利的原因，不认为任何人会如此急需帮助，相反他们把乡下和较小的城市与生活单调的概念联系在一起，而这本来只有在大城市里才是确实如此"①。通常情况是："人对人的兴趣感、互助的动机，在如此大的城市里几乎窒息殆尽。"②由于每一个国民协会的会员以他自己的方式参与履行任务，一种使得直接影响成为可能的、排除任何形式的国家管束的政策是必要的。个人发挥作用及自我发展的自由促进了社会交往。这种自由有助于个人相对于一般的东西而偏重于选取易于理解的特殊东西，相对于不适宜当地情况的东

---

① 见卷14第117页及其后。
② 见卷14第117页。

西而偏重于适宜当地情况的东西。与自愿性原则和一致性原则紧密联系的是自治原则，它不允许人们偏离共同的愿望，而且如果局限在积极的、小型的、面向一个特定的时期的、涉及特别目的的协会范围内，它就尤其有效。这一协会也恰恰可以考虑到时间和地点的关系。它建立在所有人的信任基础之上，如果没有这种信任，一种可取的生活就是不可能的。在这些考虑当中，人们已经能够感觉到在1808年斯泰因改革中引起公众较大注意的、并在青年洪堡时代得到进一步传播的思想，因为20余年之后，对于这些思想来说时间根本没有使之变得易于接受。集所有因素于一体的教育最终不是抽象的范畴，而是要求个人以其自身的意志努力而增进自身的所有力量。它与各种束缚和限制人能力的关系做斗争，支持对世界现状的了解和与他人的理解，并且使得人们自行负起责任。因此，教育是最重要的观点，无论对于国家还是国民协会，无论是以这样还是那样的不同方式。由于国家积极作用的对象只能是那种公民不能通过自身努力创造的安全，它就成为唯一的手段，用以"把表面上相互矛盾的东西，国家的整体目的和各位公民的所有目的的总和，通过一种坚固的、耐久的纽带友好地连接在一起"①。人的自由取代了使得人们没有自助能力和产生依赖心理的国家的关心。但个人不能孤立地接受教育，而是需要通过他人得到补充，以便显露自己的特点。那些自由的社团远远不至于起到损害的作用。对于推动和发展教育来说，它们是必要的手段，以"促进和加快人们接受教育培训"②。国家的措施必然是一般性的，不能考虑到个人的特点，而是更侧重于注意作为力量的结果。社会性协会相当接近于法国大革命的原始理想。没有自由就没有人的自身活动一说。兄弟般的友爱规定了他们之间的关系。对于洪堡来说，那种超越了权利平等

---

① 见卷1第232页。
② 见卷1第200页。

的平等在他的一生中一直是一个"奢望",他采取各种手段千方百计地反对它,这些手段表现得多种多样,无穷无尽,各有千秋。它完全当属于那些不能容忍歧视存在的人权之列。

国民协会是专制主义国家的对立物,因为它们把自身的首创性和自我负责置于中心地位,而且拒绝听命于权力、接受官僚主义和屈服于有关保持一致的压力。它们结成了善果;因为"在自由人当中",洪堡解释道,"所有行业获得了更好的发展;所有艺术之花更加盛开;所有科学得到了繁荣。在自由人当中,所有家庭的纽带也更为紧密,父母双亲更热衷于为孩子们操心,在自由人当中出现了进取心,而且形成更好的教育者"①。对于洪堡来说,从教育对民族精神及特征的纯粹造福于社会的反作用当中,升起了一个民族的理想蓝图,在这一理想蓝图当中,"似乎没有人会对他人全部奉献,似乎每一个人都为他自己保留他全部的、属于他的力量,而且正因为如此他才更乐于在行善的意义上奉献;似乎如果每一个人都在培养其特长方面得到进展,那么人类个性的多种多样和各有千秋的细微差别就从中产生,而且个性的片面发展现象就会变得如此罕见,因为它在根本上始终只是弱小和困乏的结果,因为每个人,如果他不再强制他人,就由于存在着总是持续存在的与他人保持联系的必要性而把自己视同于他人,从而似乎会受到更大程度的敦促,以按他人来改变自己并按自己改变他人;在这样一个民族中,似乎没有任何用来提高人类生存能力和享受人类生存的力量与手段会丧失;这最终表明,借助于此,所有人的观点只会向着这个方向靠近,而且会摆脱任何其他错误的,或者少数人所遵奉的最终目的"②。在一代又一代的进步过程中,暴力在消失,虽然仍然不可实现一个完全无暴力的状态;但是追

---

① 见卷1第145页。
② 见卷1第128页。

求这样一种进步会"使人摆脱对好像根本不能完全根绝的人类贫困、自然灾难、敌意倾向的侵害，以及过于沉湎享乐放浪行为的绝大部分恐惧"①。在洪堡的脑海里浮现着一种没有统治的社会交往，在其中还呈现出所圆满完成的教育及自由的终结点。洪堡的抽象设计超越了所有偶然的历史限制。这一设计包含的前景是，那种由自然在人身上设置的、走向不确定地扩大自身存在的方向所带来那种所有人能够作为人本身表现其特长的社会交往。一种整体民族意识对他来说是陌生的。只有当拿破仑的占领要求把公众反对分裂和过多外来影响的行动政治化并激发起这种行动以后，才出现了一种迅速传播的爱国主义。

三

《论国家的作用》中的国家观不仅规定了青年洪堡的政治思想，而且也在后来几十年里，直至他在政府里的最后几次立场申述当中都在持续起着影响作用。在他的这些思想当中，无论如何存在着一种发展脉络，它在更大程度上考虑到了现有的、不能马上改变的政治现实，但是并不与在赋予国家更大权限的意义上明显求助国家相联系，而是放手让全体国民自由行动并发挥积极的作用。全体国民相对于国家的优先权没有被放弃。并不能一下子让所有传统关系解体。对权力机构的信仰之所以没有停止，是因为在此时此地马上就将要求这样做。洪堡在他对法国大革命的观察中学到：只有通过慎重的变化才能获得持久的改进。无论革命口号听起来还多么诱人，无论许多人对它们如何顶礼膜拜，人们不能忽视，在崇高要求和真正满足这一要求之间张开着一个只有花费大量心血才能弥合的裂缝。许多事情肯定可以用铁锤来改变，但是一种改进则需要

---

① 　见卷 1 第 128 页。

时间。洪堡对之所效忠服务的国家仍然是他 24 岁时所认为的那个样子,即一个没有教育任务的法律机构。① 因此它必须身处公民事务之外。任何对教育、宗教、艺术、道德、风俗习惯的积极作用都应该放手不管。它的义务是,使得公民自决成为可能。洪堡在他的强劲政治对手梅特涅(Metternich)和维特根斯坦(Wittgenstein)面前也坚持了这一看法。他们因此诋毁他是法国大革命的追随者。在国家中承担设计政治的角色,这是国民的事。

在洪堡就任文化和公共教育部部长、在内政部任职、担任驻维也纳公使和代理部长、国务枢密顾问、外交官、等级事务大臣等政府职位的时候,他提醒自己改革的动力不应由国家强行注入,而是必须由国民所提供,对此他是不至于感到疲惫的。只有国民才能以不事先加以规定的方式提高人民的教育水平,才能培养民族自尊心并且为改革注入后劲。看一眼国家行政管理部门的状况就明白,它自身离最初状态还相差多远。洪堡在一封于 1817年 7 月 14 日写给哈登贝格(Hardenberg)的信中抱怨道,国家行政管理部门"几乎在所有方面都有漏洞",他指出它缺乏"精神、自由主义原则、崇高的思想品质"②,"纯粹机械地运作","扼杀精神",办事"胆大妄为","矫揉造作","其僭越行为难以饶恕"③。不存在"纯粹的和完全的责任心,而它本来是一切良好管理部门的唯一的保障和灵魂"④。一种改进不会从较为严厉的控制中产生,而是只能通过对思维方式的革命,这就是说在可能情况下通过"完全改变人"而产生。⑤ 在应由洪堡负责的领域里,他试图提出一些思路和方法,以便逐步消除失误并且促成国民自身力量的培育。

① 见卷 10 第 100 页多处。
② 见卷 12 第 197 页。
③ 见卷 12 第 197 页及其后。
④ 见卷 12 第 97 页。
⑤ 同上。

因此他实践着一种新的管理风格,这种风格不是按照指示不折不扣地运作,"不是要个人卑躬屈膝和千篇一律的表情,而是要把更多人的共同思考置于最高地位","给予集体意见优先于个人的意见、包括我个人意见的地位,而不道明这一点",而且追求铲除"过去那种灾难性的部长工作习气,在其中人们仅仅把一个人看作在他的专业范围内是全能的,而且把他的那些顾问们最多当作有权吹耳边风的人","任何意见要根据有关它是否在上司那里也会可行这种想法得到修正"。与此相反,洪堡要求开展同事般的讨论。"就像如果一个人感到他的话有用,他就对事情更为认真对待,而且至少他自己会全力以赴地去行动。"①虽然他在报告当中"经常被人哄笑",但这并不影响他。他与那些顾问们的交往是"友好的和饶有兴致的"②。他的原则是,"在我认为必要的地方,到处向中间派和坏人宣战,宁可自己出力帮助推翻目前那副样子的东西,而不任由其继续存在下去"③。这首先要求有一种新型的公务员,要求把教育事业移交给国民负责,放宽有关新闻检查的规定而且最终公布一份曾由国王本人在1815年5月23日向全体国民许诺的宪法。

公务员构成了专制主义国家的基础。如果改变国家宪法并且也由此改变他们对民众所持的拒绝态度,那么他们必定变得有能力根本改变他们的思维和行为。因此,洪堡要求每一位公务员都作出判断,"他从各个角度来看,到底如何理解人,他如何从总体上看人的尊严和理想……它所认为的教育概念有着哪些外

---

① 威廉·冯·洪堡:《致弗里德里希·奥古斯特·沃尔夫的信》,菲利浦·马特森主编及评注,第272页及其后(1809年7月31日的信)[Wilhelm von Humboldt. Briefe an Friedrich August Wolf. Textkritisch hrsg. Und kommentiert von Phlip Mattson(Berlin 1990)]。

② 《威廉和卡洛琳·冯·洪堡通讯集》,卷3,阿娜·冯·西多编(Wilhelm und Caroline von Humboldt in ihren Briefen. Hrsg. Anna von Sydow),第285页(1809年11月28日的信)。

③ 同上,第284页。

延,……他对较低民众阶层抱有何等程度的尊重或者不尊重态度,他的平民观念如何,是以漠然的态度看着人在一种国体中沉沦下去、还是与此相反,愿意看到这一国体在人的自由中被解体"①。洪堡想了解,"他在国家当中是更多地赞成公民共同体呢,还是个人的分散化",最后他还想了解,"他是否有对其国民进行教育改造的信念和兴趣,是对改革者有着火一样的热情,还是有着根据那些严格的原则履行义务的强大意志,还是有着进行试验的兴趣……对于他来说,问题是否关系到他的思想还是更多地关系到事实,或者在他的脑海里是否渗透了那种大国务活动家的观点,相信只有当前者成为后者的印记的时候,目标才能被实现"②。新型的公务员应当通过能力的多面性、自由精神、坚定、刻苦、独立自主和责任心表现自己。他拒绝接受传统关系的不可改动性,而且鼓励国民表现坚持己见的意志。他对国家希望得到绝对权力的要求抱有不信任的态度,国家的任务是保护公民领域不受侵犯,而且不干预公民发挥自身的积极性。在公民的心目中,最重要的是国家要最大限度地保障安全。

　　除了在根本上改变公务员们的思维方式之外,还应进行国家教育制度的改革,其目标是普通教育和对一切事务实行自由的自决。因此,就这种普通教育来说,洪堡对小学尤其重视。它是一个教育制度当中的最低层次,在这样一种教育制度中,城市和乡村里的孩子们、穷人和富人们都能为进一步接受自学教育打下基础。对洪堡来说,为它培养出合格的教师,这是"该部门最重要的事务"③,因为"国民教育是所有教育的基础"④。他很关注对国民的进一步教育。在小学之后是中学(文理中学)和大学,它们和整

---

① 见卷 5 第 87 页。
② 见卷 5 第 87 页及其后。
③ 见卷 11 第 301 页。
④ 见卷 13 第 300 页。

个教育制度一样,都应由国民提供资助。大、中、小学校是对所有合适的、较少对得到专门知识感兴趣而较多对按照自身的意愿培养自身力量感兴趣的人开放的。大学作为一个将要圆满完成整个教育过程的阶段,"无非是要把人的精神生活、外在的闲情逸志和内在的追求引导到对科学研究的兴趣上"。国家必须注意到,把它们的活动总是维持在"最剧烈、最强劲的活跃状态",而且必须意识到,"这一局面本来不是它所造成的,也不是它能够造成的,也就是说,只要它干预其中,它在更大程度上总是起着妨碍作用,而且没有它的话,事情本来绝对会好得多"①。因此,它不得要求"任何与它直接或恰恰有关的东西,而是要从内心坚信,如果国民要实现他们的终极目标,他们也就会去实现它的那些目标,并且是从一个高得多的高度去实现,从这个高度出发,与它所能推动的相比,可以包容多得多的东西,可以使用完全不同的力量和杠杆"②。洪堡保证说,这样一个教育制度可以对"国民教育产生巨大的影响,可以造福于国民"③。可以由此向那些父母亲们介绍儿童上学的重要性并且敦促他们"做出极大的努力"④。按照洪堡的看法,只有这样,教育部门才能实现其目的,如果它把"他的工作全部交到国民的手中,从事教学和教育,而且与其他的那些国家管理部门仅仅保持最高级的关系"⑤。

从这些权衡考虑中,顺理成章的是,对于洪堡来说,他作为部门负责人所负责的报刊检查事务属于"最不舒服的工作","因为你就得一再对自己说要做些事情,而本来不做这些事情的话反而要好得多"。⑥ 因此,正如他在 1809 年 3 月底证实的那样,他也不

---

① 见卷 10 第 252 页。
② 见卷 10 第 255 页。
③ 见卷 10 第 299 页。
④ 见卷 13 第 270 页。
⑤ 见卷 13 第 219 页。
⑥ 见卷 16 第 155 页。

怀疑,"唯一正确的原则是不加限制的报刊检查自由,即任何认为每一个人为自己所撰写、编写或者印制的作品负责"①。但是,鉴于当时的情况,这只能是一个长远目标。一下子取消检查是不可能的,因为不仅那些国家机关,而且大多数人都还不够成熟。因此他有意于静候"适当的时机"②。他首先要求,应当"自由"处理检查,比如说任命比斯特(Biester)为《柏林月刊》的检察官。多纳(Dohna)对洪堡"过于自由和一般的思想"表示担心,这是不无道理的。③ 但是,洪堡坚持自己的准则:"我最讨厌不过的是人们或者当局如此束缚手脚,以至于几乎不能起到任何作用。"④对于洪堡来说,必须解除报刊检查的必要性在于:"只要能够通过作品来促成精神力量的发展,就应为这种发展确保最高度的自由。这种最高度的自由总是只与国家暂时、一般、外部和内部的安全相容。"⑤

洪堡把制定一部普鲁士宪法当作其政治工作的主要任务。该宪法应当规定能够实现的东西,并为一个自由的未来开创仍然漫长的道路。与还必须经过考验期的年轻的美国宪法和通过消灭过去的宪法而在新的制图板上设计一个新的未来的法国宪法不同,该宪法应当从国民"精神"中发展而来。洪堡认为其真正的用处在于"在民众中唤醒和保持一个真正的国民意识","在培养公民的习惯的过程中,使得公民摆脱孤立的利己主义,参与一个公共事业"⑥其首当其冲的问题总是新旧事物之间应当如何结合,"地方性的个别事物"如何能够与"一般事物"交融在一起⑦,从而限制传统国家的权限,强化国民的自由作用。

---

① 　见卷 10 第 54 页。
② 　见卷 16 第 156 页。
③ 　见卷 16 第 176 页。
④ 　见卷 16 第 263 页。
⑤ 　见卷 10 第 55 页。
⑥ 　见卷 17 第 288 页。
⑦ 　同上。

　　这一立场引发了一系列敌意的拒绝反应,其中洪堡在 1819
年 12 月 31 日被解除枢密顾问职务以及在 1823 年春季国王决定
不把他任命为哈登贝格的接班人这两件事情尤其突出。甚至当
洪堡在 1830 年又应召入枢密院并且坚决捍卫在 1808 年产生的施
泰因城市制度以便不至于削弱国民参与自治管理的时候,枢密院
大臣卡尔·冯·梅克伦堡(Carl von Mecklenburg)把洪堡的这一
工作称为“破坏工作”,它把“新的光亮”投射到“那个据称即使躺
在地底下也仍然可以利用不受任何干扰的宁静气氛沉思的人”。①
这一刻画表明,洪堡坚持《论国家的作用》一书中的决定性的基本
思想特征,而且即使在境况日下、身处逆境的情况下,他还是没有
放弃对制定一部限制国家权力的宪法的希望。因此,对于它,国
民继续是政治的主体,而且与在 18 世纪 90 年代的许多趋势——
其中包括黑格尔、荷尔德林(Hölderlin)和谢林(Schelling)要求废
除国家的情况——相反,洪堡坚持认为国家是一种“必要的痛
苦”,因为没有民族能够为了它的发展而放弃安全。

四

　　《论国家的作用》一书的部分内容以十分分散的形式于 1792
年发表在席勒主持的《新塔利亚》(Neuer Thalia)和《柏林月刊》
上。但是,由于检查当局的反对意见以及菲韦格与格兴出版社的
拒绝,整本书的出版成为泡影。了解该手稿的朋友们,如席勒、格
奥尔格·福斯特尔(Georg Forster)、布林克曼(Brinkman)、根茨
(Gentz)、达尔贝格、他的兄弟亚历山大,还有作为《柏林月刊》的
共同编辑的比斯特(Biester),要求洪堡对之做出改动。于是,洪

---

　　①　汉斯·施耐德:《普鲁士国枢密院(1817—1918 年)》[Hans Schneider: Der
preuβische Staatsrat 1817—1918(München, Berlin 1952)],第 86 页,注释 1。

堡首先有意在书中多处作了修改，但是坚持了其"主要观点"。它在
原则上不同于像布尔克的那种"如此可怕的著作"，因为"他的兴趣
集中于在政治机构中的人的教育"，"以及这一教育的形式"。① 达
尔贝格早在 1793 年发表的、并非恰恰深刻的、重申启蒙性国家信仰
论的反调作品《论国家的真正界限》并没有给他留下印象。他转而
更加专注于对古希腊的研究。这样，全部手稿的发表就拖延下来，
1851 年，也就是洪堡逝世 16 年之后，《论国家的作用》才由波兰布
雷斯劳大学的一位私人讲师爱德华·考尔(Eduard Cauer)出版。一
年之后，该书被收入洪堡文集的第七卷，也是最后一卷。《论国家的
作用》一书不是一部修身读物，这些思想也并不表现一位严肃古板
的平民洪堡，这与他那部受许多读者青睐的《致一位女友的信》
(1847 年第 1 版)所试图表现的形象不一样。它们在更大程度上引
发了持久的、分歧很大的讨论。从中心内容来看，有关国家的界限
和作用的讨论一直到今天还在持续进行。考尔在他首次发表洪堡
的这部作品时评价道，洪堡的政治立场对于他那个时代的国家学来
说是不足为准的，但很显然，它能够成为那种吸收掉任何个性的、会
毫不费劲地牺牲自由的一般物的对立物。他的立场是："我们不是
要通过摆脱国家享有自由，而是要在国家中享有自由。"②直接和间
接联系到他的观点，在 19 世纪后叶的德国，批评者的声音占据了上
风，比如拉萨尔(Lassalle)、特赖奇克(Treitschke)、俾斯麦等人的声
音，而且到了完全拒绝的地步。对洪堡观点的批评意见有：他高估
了理性，坚信人性之善，认为他完全脱离现实和逃避到一种乌托邦，
幻想那种自身就已失去了激发和强化共同力量的一丝能力、僵化为

---

① 阿尔伯特·莱茨曼编:《威廉·冯·洪堡致卡尔·古斯塔夫·冯·布林克曼的
信》[Albert Leitzmann(Hrsg.):Wilhelm von Humboldts Briefe an Karl Gustav von Brinkmann
(Leipzig 1939)]，第 14 页，1793 年 2 月 8 日的信。

② 爱德华·考尔编:《论国家作用的界限》[Eduard Cauer(Hrsg.), Ideen zu einem
Versuch, die Gränzen der Wirksamkeit des Staates zu bestimmen(Breslauu 1851)]，第 22 页。

单调和狭隘的国家的终结。甚至并不乏暗示洪堡有着想与国家为敌和极端地消灭国家想法的人。那些积极看待洪堡的人,如在自由主义者当中有爱德华·拉斯克(Eduard Laske)和戈特弗里德·格维努斯(Gottfried Gervinus)在更大程度上只是例外。在瑞士,雅格布·布尔哈特(Jakob Burckhardt)把洪堡推崇为他那个世纪最伟大的思想家之一。早在1854年,英国就已出版了一部由约瑟夫·库尔撒德(Joseph Coulthard)执笔翻译的译文,它对约翰·斯图亚特·穆勒(J. S. Mill)和阿诺德(Arnold)施加了持久的影响。它在1969年以修订版的形式再版,并加入了伯罗(J. W. Burrow)撰写的长篇导言。1864年,保罗·夏尔梅尔-朗科尔(Paul Challemel-Lancour)发表了《个人主义哲学:洪堡思想研究》(La philosophie individualiste: Ètude sur Guillaume de Humboldt)一书,紧接其后的是马拉斯特(A. Marrast)在1866年的法译本以及克雷蒂安(H. Chrétien)在1867年的法译本。一种意大利语译本由贾克莫·帕梯奥纳(Giacomo Pertione)出版于1924年,一种日文版正在准备出版。在20世纪的危机年代里,尤其是在紧接德国战败之后的1919年和1945年,《论国家的作用》在德国获得了持久不断的注意。1935年,北京大学当时的德语教研室发表了一部有关《论国家的作用》的论文集。1946年,其中由鲁道夫·潘维茨(Rudolf Pannwitz)的那篇文章被用作一种德文再版本中的"导言"。值得期望的是应该对洪堡这一早期作品的作用史作一透彻的阐述。人们对该作品的接受是与19和20世纪的德国政治思想史连在一起的。① 除了出于清理历史回顾的需要,在形势紧张的年代里,许

---

① 有关这一方面的最早的论文之一是保罗·R. 斯威特著《威廉·冯·洪堡传记》,卷1:1767—1808年[Paul R. Sweet, Wilhelm von Humboldt. A Biography. Volume One: 1767—1808(Ohio State University Press Columbus 1978)],第303—307页。另有一篇是我的论文《威廉·冯·洪堡的人的学说与形象》[Wilhelm von Humboldts Lehre und Bild vom Menschen(Ratingen 1965)],第276页及其后,注释17及其他多处。

多人经常求助于《论国家的作用》里的思想。其中也包括朔尔姐妹(Geschwister Scholl),她们在 1942 年 6 月抄写的首份传单中引用了席勒的思想,这些思想及其用词选择都与洪堡的思想一致。"国家本身",传单上写道,"从来就不是目的,它只是作为人类能够借以实现其目的的一种条件而变得重要,而且人类的这一目的无非是培养人的所有力量,即进步"。① 朔尔姐妹为反抗极权主义国家付出了生命代价。她们所传播的思想,毫不损害影响力。它们成了弘扬人的自由和教育的烽火。

---

①　弗里德里希·席勒:《全集》,卷 4。由 G. 弗里克和 H. G. 戈弗特编[Friedrich Schiller, Sämtliche Werke. Vierter Band. Hg. V. G. Fricke und H. G. Göpfert (München)],第 815 页(吕枯尔库斯和梭伦的立法)。从这一处得不出席勒对洪堡有着直接影响的结论,因为到目前为止还没有研究过洪堡的《论国家的作用》的思想是否对席勒发生过影响。

第一章　绪　　论

　　内容提要:研究对象的界定——对这个课题很少有人探讨,但有其重要性——从历史角度观察,各种国家为其作用范围所真正确定的界线——古代和近代国家的差别——结合为国家之目的——关于国家存在的目的是否应该仅仅关心国民的安全或者应该关心民族的繁荣的争论——立法者和一些作者主张后者——但是,更进一步检验这种论断是必要的——这种检验必须从单一的人及其最高的最终目的出发。

　　困难在于仅仅颁布必要的法律,要永远忠于社会这一项真正立宪的原则,要警惕对执政狂热入迷这个现代政府最致命的疾病。

　　　　　　——密拉博:《论公共教育》(巴黎,1791 年,第 69 页。)

　　如果人们把各种引人注目的国家宪法相互间作一比较以及把它们与最负盛名的哲学家和政治家的观点相互比较,人们也许会不无道理地感到惊讶:一个如此少地得到充分探讨和如此少地得到准确答案的问题似乎首先引起注意,即:整个国家机构设置的工作目的何在,以及它的作用应该有何限制? 确定整个民族或者民族的各个部分应该如何不同程度地参加政府,适当地划分国家行政管理的形形色色的分支机构,以及采取必要的防范措施,防止一个部门夺取另一个部门的权利,几乎所有的人仅仅对此就忙得不可开交,他们甚至改造了国家,或者提出一些政治改革的建议。

然而我认为,对于任何新的国家机构的设置,人们必须注意两件事。其中任何一件被忽视都将会造成巨大的危害:首先,界定在民族中进行统治和提供服务的那一部分人以及界定属于真正的政府机构设置的一切东西;其次,政府一旦建立,界定它的活动的扩及和限制范围。后者会真正地干涉公民的私人生活和决定他们自由而不受妨碍地发挥作用的程度,这实际上是真正的、最后的目标,前者则仅仅是达到这种目标的手段。然而,如果说一个人花更多的力气刻意追求前者,那么,他就只是表现出一种墨守成规的行为。

追求一个目标并且用物质的和道德的力量去实现这个目标,精力充沛的、体力强壮的人的幸福就是建立在这之上的。占有使人把鼓足的干劲拱手让给宁静,这种占有仅仅在自欺欺人的幻想中富有刺激性。而且当人的力量总是被鼓动起来准备从事活动,而且他周围的自然环境总是激励着他要进行活动,在这种状态下,从这一角度看,宁静和占有仅仅存在于思想之中。不过对于片面的人来说,宁静也是一种表现的停止,而一种东西给未受教育的人只有很少的材料可供他表现。因此,人们所谈论的对占有的厌倦,尤其是在更为细微的感觉领域里对占有的厌倦①,根本不适用于能够发挥想象力的人的理想,最适合于完全没有受过教育的人的理想,其适合程度越来越低,如果人们随着教育程度越来越高而越是理解那个理想。

因此,根据上面的论述,正如胜利会比所征服的土地更使征

---

① 参阅莱辛(G. E. Lessing)在《第二次答辩》里的名言:"并非被某个人占有或者以为占有的真理,而是他所做出追求真理真诚的艰辛努力,使人具有价值。因为并非通过占有,而是通过研究真理,人才拓展他的力量,人的日益增长的完美就在于此。占有使人平静、怠惰和骄傲。"——德文版编者注

服者兴高采烈一样,正如改革中充满危险的动荡不安比平静地享
受改革的成果更令改革家心情愉悦一样,从根本上讲,对于人来
说,统治会比自由更富有刺激性,或者关心维护自由至少会比享
受自由更富有刺激性。自由仿佛仅仅是从事一种无限丰富多彩
的活动的可能性;从根本上讲,统治、执政虽然是一种个别的活
动,但却是实实在在的活动。因此,对自由的渴望往往只不过是
在感到缺乏自由时才产生的。

　　然而,总是毋庸否认的是,研究国家作用的目的和研究对国家
作用的限制是很重要的,也许比对任何其他政治的研究更具重要
性。不过已经指出,这种研究仿佛仅仅涉及整个政治的最终目的。
然而,单单这种研究就允许我们对之进行更便利的和更广泛的应
用。真正的国家革命、政府其他机构的设置,如果没有多种往往是
偶然的情况之间的竞争,永远是不可能的,而且总是导致形形色色
的不利后果。与此相反,任何执政者都可能静悄悄地和不知不觉地
更多地扩展或者限制国家的作用范围,不管是在民主国家里、贵族
统治的国家里,还是在君主政体的国家里,他愈是避免引人注目,他
就愈是能够更加有把握地达到其最终目的。人的最好的操作方法
就是那些最忠实地模仿大自然的操作方法。于是,大地默默地、悄
悄地怀上的胚芽,总是会比肯定必要的、但也总是伴随带来毁灭的
怒吼的火山,带来一种更丰硕和更美好的丰收果实。

　　如果说我们的时代确实有理由夸耀文化和启蒙的优越性①,
那么再也没有任何其他形式的改革更适合于我们的时代了。因
为关于国家作用范围的至关重要的研究,必须——正如可以轻而
易举地预见到的那样——导致各种力量的更高的自由和各种情
况的更加多姿多彩。不过,一种可能出现的更高程度的自由总是

---

　　①　摩西·门德尔松(Moses Mendelssohn)的论文《关于什么叫作进行启蒙的问
题》详细地论述了这两个概念的差异。载《门德尔松文集》(1843—1845年)第3卷,
第399页等。——德文版编者注

要求一种同样高的教育程度,而较少需要采取仿佛是形式单调的、受束缚的群众方式进行行动,要求行动的个人有更强大的力量和更加多姿多彩。因此,如果说我们当前的时代具有这种教育、这种力量和这种多姿多彩的优越性,那么,人们就必须也给我们的时代提供自由,这种优越性有理由要求得到自由。同样,能够促成改革的各种手段,也远为更适合于促成一种不断进步的教育,如果我们设想有这样一种教育。如果说民族的出鞘之剑一般会限制统治者的有形权力的话,那么在这里,民族的思想启蒙和文化就会战胜统治者的思想和意志,而各种事物的旧貌换新颜,与其说似乎是统治者的杰作,不如说是民族的伟业。

如果说看到一国的人民充分感觉到它的人权和公民权、冲破它身上的各种枷锁已经是一种美丽的、令人欢欣的景象,那么,看到——因为对法律的喜好或者尊重所产生的作用,会比为困乏和需要逼迫而至的东西,更为美丽和高尚——一个王公亲自为人解下枷锁并提供自由,而且不是把这件事视为其慈善行为的结果,而是看作履行他的首要的、必不可少的义务,这种景象必然会美丽和崇高得无与伦比。尤其是因为一个民族通过修改宪法争取到的自由同已经建立的国家能够给予的自由的关系,如同希望同享受的关系,设计同完成的关系。

倘若人们看一看各种国家宪法的历史,那么很难在哪一部宪法里准确指出它的作用所受限制的规模,因为其中没有一部宪法是经过深思熟虑的并且是根据一些简单的原则而设计的。尤其是人们总是根据两种观点限制了公民的自由,其一是必要性观点,即有必要制定或保障宪法,其二是有用性观点,即关心民族的物质的或者道德的状况是有用的。愈是赋予宪法本身更多的或更少的权力,就愈是更多或更少需要其他的支柱,或者,立法者愈是更多或更少富有远见,人们就会时而更多地停留在这种观点上,时而更多地停留在那种观点上。往往是两种考虑一起发挥作用。

　　在较古老的国家里,几乎所有涉及公民个人生活的机构设置在最原本的意义上都是政治性的。因为在这些国家里,宪法很少拥有真正的权力,因此,它的寿命主要建立在民族的意志之上,而且人们必须考虑形形色色的手段,来使宪法的特性与这种意志相协调。现在,在一些共和制的小国里,情况恰恰还是如此,因此,如果仅仅从这种角度来观察事物,个人生活的自由程度的上升总是恰好与公共机构的自由下降的程度相一致,与此相反,安全总是与公共机构的自由保持同步,这种观点是完全正确的。但是,较为古老的立法者和古代的哲学家们总是在最真正的意义上关心着人,因为对于他们来说,人身上的道德价值似乎是最高尚的东西,因此,如按照卢梭的真知灼见,柏拉图的《理想国》与其说是一部政治性著作,不如说是一部教育性著作。①

　　倘若人们以此来同近代的国家比较,很多赋予私人生活一种往往十分特定形式的法律和机构设置,为公民本身及其福利而工作的意图是明确无误的。我们各种宪法的较大的内在牢固性,它们于某种民族特性的某种气息的较大独立性,然后是思想家们的较强大的影响——按照他们的本性,他们更能够提出真知灼见,能够更好地教会我们加工雕琢和利用民族活动的一般对象的大量的发明,最后,尤其是某些仿佛是让执政者们对公民的道德和未来的幸福负责任的宗教概念,所有这一切加在一起,就促使产生了这种变化。然而,如果人们研究一下各种警察法律和机构设置,那么,人们往往会发现,它们的渊源在于国家时而是真正的、时而是所谓真正的向臣民征收赋税的需要,就此而言,与较古老

---

　　① 《爱弥儿》第一卷里有一段话:"如果你想知道公众的教育是怎么一回事,就请你读一下柏拉图的《理想国》,这本著作并不像那些凭书名判断的人所想象的是一本讲政治的书籍,它是一篇最好的教育论文,像这样的教育论文,还从来没有人写过呢。"——德文版编者注(中译文见《爱弥儿》上卷,李平沤译,商务印书馆1981年版,第11页。——译者)

的国家的相似之处又再次出现了，因为在这一点上，这些机构设置的目的同样是维护宪法。但是，关于那些既无意针对国家也无意针对组成国家的个人的限制，较古老的和近代的国家之间存在着，而且会长久存在一种巨大的差别。

古代的国家关心人作为人本身的力量和教育，近代的国家关心人的福利、他的财产及其从事职业工作的能力。古代的国家追求美德，近代的国家追求幸福快乐。因此，在较古老的国家里，一方面，对自由的限制更加咄咄逼人和危害更大。因为它们恰恰是侵犯构成人最固有的本质的东西，即侵犯他内在的生存；因此，所有较古老的民族都显示出一种片面性，从根本上讲（撇开还缺乏更高雅的文化和更普遍的交往不讲），这种片面性大部分是由于几乎到处都在进行的集体主义教育和有意安排公民的共同生活引起的，并且从中得到滋养。但是，另一方面，在古代的国家里，所有这些国家机构都维护并提高人活动的力量。甚至连人们永远没有忽视的、培养强壮有力和容易知足的公民的观点，都在较大程度上推进了精神的升华和性格的培养。

与此相反，在我们这里，与其说人本身虽然较少直接受到限制，而不如说，他周围的事物维系着一种束缚人的形式，因此，似乎有可能以内在的力量，开始进行反抗这些外在桎梏的斗争。不过，我们这些国家限制自由的本性表现在，它们的意图在很大程度上在于人拥有什么，而不在于人是什么，而且即使在这种情况下，它们也不像古代的国家那样仅仅——哪怕是片面地——发挥身体的、智慧的和道德的力量，而是毋宁说把决定性的思想作为法律强加于这种力量，国家的这种限制自由的本质压抑着人的干劲，而人的干劲仿佛是任何美德的源泉以及更高和更多教育的必要条件。因此，如果说在较古老的民族里，较大的力量还认为片面性是无害的，那么在较新的民族里，较小力量的不利还会由于片面性而增强。

　　总而言之,古代和近代国家之间的这种差别处处都显而易见。如果说,在最近几个世纪里,取得进步之迅速、人工发明数量之巨大和传播之广泛、创建各种事业之宏伟最引起我们的注意,那么,我们感到在古代,吸引我们的首先是一个人的生命奉献精神的伟大,是想象力的生机勃发、精神的深邃、意志的坚强、整个言行的一致,而单单后者就给予人真正的价值。人,尤其是他的力量和教育,是激发任何活动的东西;在我们这里,过多的情况是涉及一种整体思想,从这种思想出发,人们似乎忘记各种个人,或者至少不是关心他们内在的本质,而是关心他们的安宁福利和幸福快乐。古代的国家在美德中寻找幸福快乐,近代的国家致力于从美德中去发掘幸福快乐的时间太过于长久了[①];甚至同一位把最高度纯洁的美德看作道德精神并加以论述的人[②]也认为,必须通过一种十分巧妙的机器把幸福快乐输入人的理想,确实更多地像给予一种外部的酬报、而不像是通过自身努力而获得财富。关于这种差异,我无须多作论述。我只想用亚里士多德《伦理学》的一段话来结束这里的论述:"每一个人按其本性所最固有的东西,对他来说就是最好的和最甜蜜的东西。因此,如果人性在最大程度上在于人的理智,那么,按照理智而生活是最为幸福的。"[③]

　　在国家法的法学家们当中已经不止一次地争论过的是,国家

---

　　① 这种差别再也没有比近代哲学家评判古代哲学家时更加引人注目了。我引用蒂德曼(迪特里希·蒂德曼,1748—1803年,德国哲学家和心理学家。——译者)关于柏拉图的《理想国》的最精彩一节的一段论述作为例子:"尽管为了正义之故,我们应该热爱正义,但是,如果实行正义根本没有带来益处,而且如果主张正义的人不得不遭受弟兄们所提及的一切苦难,那么,就宁愿要不义,也不要正义。也就是说,最能促进我们幸福的东西,毋庸置疑,必须优先于其他的东西。身体的痛苦、极端的匮乏、饥饿、耻辱,还有其他根据弟兄们的看法违背正义的东西,它们无疑大大地超过渊源于正义精神的满足。毋宁说,宁要不义,不要正义,而且最好把不义纳入到美德的数目当中去。"(引自蒂德曼《柏拉图对话录阐释》第2卷《论国家》)

　　② 参见康德在庸俗的形而上学的最初成因和实践理性批判里关于最高的善所做的论述。

　　③ 见该书第1178a节。——德文版编者注

是否必须仅仅意在关心安全，还是从根本上讲必须意在关心民族
整个物质的繁荣和道德的弘扬。认为国家对关心私人生活的自
由负有责任，首先导致前者的论断；不过后者认为，国家不仅仅能
够保障安全，而且虽然不是必然、但是可能被滥用来限制自由，这
是自然的理念。无可否认，这种自然的理念不管在理论上还是在
实践中，都是占统治地位的思想。大多数的国家法的体系、近代
哲学家的法律著作和大多数国家法制的历史都表现出这一点。
农业、手工业、形形色色的工业、商业，甚至艺术和科学，一切都靠
国家生存，受国家引导。根据这些原则，政治科学研究的形态发
生了变化，如同国民经济科学和警察科学所证明的那样；根据这
两门科学，产生了国家行政管理部门的完全崭新的分支机构、国
民经济管理机构、手工业管理机构和财政机构。我认为，尽管这
条原则是多么普遍，当然还值得作更为详细的检验，而这种检验
必须以单一的人及其最高的最终目的为出发点……①

---

① 这个第一章末尾、第二章整章和第三章前半部手稿暂付阙如；用在《塔利亚》
刊印的部分来填补因此而形成的短缺部分，可惜不能像作品的内容提要所表明的那么
完整。——德文版编者注

第二章 单一的人及其存在的最终目的[①]

内容提要:对单一的人及其生存的最高和最终目的
之观察——每一个人的最高和最终的目的就是对其力量
的个性特点进行最高的和最均匀的培养——实现这种目
的的必要条件:行动的自由和环境的多姿多彩——把这
些原则更详细地应用于人的内在生活——从历史上证实
这些原则——从这些观察得出整个当前研究的最高原则

人的真正目的——不是变换无定的喜好,而是永恒不变的理智
为他规定的目的——是把他的力量最充分地和最均匀地培养为一
个整体。为进行这种培养,自由是首要的和不可或缺的条件。不过
除了自由以外,人的力量的发展还要求一些别的东西,虽然是一些
与自由有密切联系的东西:环境的多姿多彩。即使最自由和最独立
的人,若被置于单调的环境之中,培养也会收效甚微。虽然一方面
这种多姿多彩总是自由的结果,另一方面也有一种压迫,它不是限
制人,而是给他周围的各种事物以一种随意的形态,因此,二者在某
种程度上是同一回事。不过为了理念的明晰,还是把二者相互分开
较为合适。每一个人一次只能用一种力量发挥作用,或者毋宁说,
他的整个行为只能同时投入到一种活动中去。因此,人似乎注定是

---

① 第二章和第三章前半部分首次刊载于席勒主编的《新塔利亚》第 2 期(1792
年),第 131—169 页。在那里论文题目叫作《国家许可在多大程度上扩大它对公民福
利的关心?》。文章末尾注明"待续。"——德文版编者注

片面性的,因为一旦他把自己的活动扩展到若干事情上,就会削弱他的精力。不过,如果他努力争取把各种单一的、往往是逐一受过训练的力量统一起来,在他生命的每一个阶段,让几乎已经熄灭的和只有在未来才熊熊燃烧的星星之火同时一起发挥作用,不是努力争取通过结合不断重复他对之发挥作用的事情,而是不断再生他借以发挥作用的力量,那么,他就是在摆脱这种片面性。

在这里,仿佛是使过去和未来与当前发生结合的那种东西于社会中促成同其他人的结合。因为在贯穿生命的一切阶段,每一个人只能达到众多完美之一种,这些完美仿佛构成整个人类的性格。也就是说,通过产生于人内心的各种结合,一个人必然占有另一个人的财富。根据经验,这样一种构成性格的结合是大家所共有的,哪怕是最原始的民族也是共有的,如两性的结合。不过在这里,哪怕仅仅是说差异不同的表现在某种程度上比渴望联合更强烈一些,那么它们并不因此就不那么强烈,仅仅是更加难以觉察,虽然它们恰恰因此发挥着更加强大的作用,即便根本不考虑两者的那种差异不同和同一性别的人之间的差异不同。

如果进一步深入探讨和更准确地阐发这些理念,也许会导致对各种结合现象的一种更正确的解释。在古代人,尤其是在希腊人那里,甚至立法者们也利用过这些结合关系,人们往往太卑鄙地用一般爱的名义而且总是不正确地用纯粹友谊的名义来装点这些结合关系。这类结合所产生的益处,总是取决于被结合者的独立自主与结合的诚挚被同时保持的程度。因为如果说没有这种诚挚,一个人就不能充分理解另一个人,那么,为了把所理解的东西仿佛变为自己的本质,独立自主是必要的。然而,二者都要求有个人的力量和某种差异,这种差异不能太大,以便一个人能理解另一个人,但也不能太小,才会激起对另一个人所具有品质的某种赞赏和激起把它移植到自己身上的愿望。这种力量和这种丰富多彩的差异,统一于独特性中,这就是力量和教育的独特性,人的整个伟大最终以此为基础,单一的人必须永远为之拼搏,想对人发挥作用的人永远不许忽视它。犹如这种独特性是通过行为的自由和行为者们的多姿多彩促成的一样,反过来,它又创造着这二者。

甚至连按照永恒不变的规律始终保持着一种均匀步伐的毫无生机的自然,对于受过独立教育的人来说,也似乎更加富有特性。他自己也仿佛转入自然之中。因此理所当然的是,每一个人感知他自身以外的充裕和美,其程度总是正好等同于在他自己的心中保留着的这两样东西。但是,在人不仅仅感觉和理解外在的印象,而且自身也有所行动的地方,结果和原因还必须在多大程度上更相似一些呢?

倘若人们试图通过更详尽地应用于单一的人身上,更准确地检验这些理念,那么,在单一的人身上,一切都归结为形式和物质。对于具有最轻盈外壳的最纯粹的形式,我们称之为理念,对于最少具有形象天才的物质,我们称之为感官的感觉。从物质的结合中产生出形式。物质愈是充裕和丰富多彩,形式就愈是高尚。一个神的孩子只不过是不朽父母的果实。形式仿佛又在变成一种更美的形式的物质。于是,花变为果,从果实的种子颗粒长出新的、花朵累累的枝干。多姿多彩愈是随着物质的精美而增加,力量就愈大,因为相互的联系就愈紧密。形式仿佛溶入物质之中,物质又仿佛溶入形式之内;或者不用形象来描述,人的感情愈富于理念和他的理念愈富于感情,他的高尚就愈不可企及。因为统一在人身上的两种本质的融合是建立在形式和物质,或者多姿多彩与统一性的这种媾和之上的,而人的伟大则又是建立在这两种本质的融合之上。但是,媾和的强度取决于媾合者的强壮。人最崇高的时刻是这个繁花盛开的时刻①。果实的不太富有刺激性的、单调的形象本身似乎启示着花的美丽,花应该是通过它发

---

① 参阅《开花,成熟》,载《新德意志博物馆》杂志,1791 年 6 月,第 3 期。

展起来的。不过,一切都对花也趋之若鹜。初从种子颗粒长出来的东西,还远远没有魅力。丰满的、粗壮的根茎,广阔的、相互交错的叶子,还需要更多完美的培育。培育按阶段提高,犹如树干上幼芽的长高一样;柔嫩的叶子仿佛渴望联合在一起,最后越来越密地封闭起来,直到花萼似乎满足这个要求。①

不过,植物的性并不是由命运赐予的。花谢花落,而果实产生着既同时是粗糙的又同时在变得优雅的树干。如果在人身上的青春之花凋谢了,那么它只不过把更加美丽的位置让给果实,永远不可探究的无穷才遮挡着我们的眼睛,藏匿着最美丽的果实的魅力。人从外界接受的东西,仅仅是种子。哪怕是最美丽的种子,它坚强的活动必须首先也使它成为对它来说是最幸运的颗粒。但是,总是在它自身充满力量和独立时,它才会感到更仁慈一些。我感到,人共同生存的最高理想,是每人都只从他自身并且为他自己而发育成长。物质的和道德的本质会引导这些人相互更加贴近一些,犹如战争中的战斗比竞技场上的争斗更加荣耀一样,犹如顽强不屈的公民的战斗会比被驱赶上战场的雇佣兵的战斗被赋予更高尚的荣誉一样,这些人的力量的拼搏也将会同时显示和产生出最大的能量。

难道不正是这个东西把我们不可名状地吸引到希腊和罗马时代,并一般地把任何一个时代吸引到一个更加遥远和消失了的时代吗?这些人必须更加艰难地与命运做斗争、更加艰难地与人做斗争不是好事吗?难道人更大的原始力量和固有特性相互遭遇并创造出新的、令人惊叹的形象,难道这不是好事吗?任何一个紧接在后的时代在多姿多彩方面比上一个时代都大为逊色;无数的大森林被砍光伐尽,沼泽干涸,等等,人的多姿多彩比上一个时代大为逊色,因为人的事业获得愈来愈大量的信息,进行着愈

---

① 参阅歌德《关于植物的形态变化》。

来愈大的联合,即由于上面的两点理由①,多姿多彩不如从前了。
这种情况从现在起在多大程度上会更快地加剧,这就是一种重要
根源,它使得新的事物、非凡的事物、令人惊叹的事物的理念愈来
愈少成为必要,惊奇、惊愕几乎成为可耻,而发明新的、尚不为人
所知的辅助手段,甚至哪怕是突然的、没有准备的和紧急下定的
决心,更是愈来愈少成为必要。其部分原因是,外界环境对人的
冲击没有那么大了,人用更多的工具武装起来,以对付外界的环
境;另一部分原因是,再也没有仅仅通过大自然赋予每个人的、他
只需现成利用的力量去抵御外部环境同样的可能性;最后一个原
因是,更为广泛传播的知识使得发明成为不那么必要,而学习本
身又使得发明的力量丧失锐意。

　　与此相反,如果说物质的多姿多彩变少了,那么它为一种远
为丰富和令人满足的知识和道德的多姿多彩取而代之,这是毋庸
置疑的,而且,我们用更为精微的精神思维能够感知其等级层次
和差异,并凭借我们虽然没有受到同样强有力培养但富有刺激
的、开化了的性格把它们移植到实际生活当中,这也是毋庸置疑
的。这些等级层次和差异,也许古代的圣贤者也不会不注意到,
或者至少是他们不会不注意到。对于整个人类也好,对于单一的
人也好,事情就是这样过来的。较粗陋的东西败落下去,较精细

----

　　①　卢梭在《爱弥儿》里恰恰指出这种情况。
　　[该书第5卷关于旅行一章的开头是这样写的:"各个民族原来的特征是一天天在
消失,因此要认识它们就比较困难。随着各种族的人的互相混合,民族之间的区别已
经逐渐地不存在了,而在以往,这个民族和那个民族的区别是很显著的,是一眼就可以
看出来的。……
　　这就是为什么由风土的影响而产生的古代的民族特征比之今天更能显示民族之
间在气质、面貌、风俗和性格上差异的原因;今天的欧洲是很不稳定的,所以没有足够
的时间让自然的原因打上它们的烙印,同时,欧洲的森林已经砍伐,池沼已经干涸,
土地的耕作情形虽然比古代坏,但耕作的方法比从前更一致了,所以,由于这种种原
因,连这个地方和那个地方,这个国家和那个国家之间在外形上的差别也看不出来
了。"——德文版编者注(这两段文字见《爱弥儿》下卷,李平沤译,商务印书馆1981年
版,第695—696页。——译者)]

的东西保留下来。因此,倘若人类是一个人,或者一个时代的力量同样以他的著作或者发明的形式传给下一个时代,那无疑会是福满人间的。不过,单单在这里,实际情况远非如此。

诚然,我们的高雅教养现在也具有一种力量,而与粗陋教养的力量相比,这种力量的优势也许就在于其高雅,然而问题是,从前的通过较为粗陋方式所进行的教育是否总是会必然向前推进。但是,感性世界总是一切精神东西的第一个胚胎及其最生动的表现。但是,如果说这里也不是哪怕只作这种探讨尝试的适当地方,从前面的论述肯定可以得出结论:人们除了最为精心细致地看护那些我们还拥有的固有特征和力量的一切滋养手段外,还必须同样精心细致地看护这种固有特征和力量。

我认为,通过前面的论述,我已经证明:

真正的理智并不希望人处于别的其他状况,它只希望给人带来这样的状况:不仅每一个单一的人享受着从他自身按照其固有特征发展自己的、最不受束缚的自由,而且在其中,身体的本质不会从人的手中接受其他的形态,每一个个人都根据他的需要和他的喜好,自己随心所欲地赋予它一种形态,这样做时仅仅受到他的力量和他的权利局限的限制。

依我之见,理智从这条原则上退让的地步,永远不得超越它维护这条原则本身所必要的程度。因此,它也必须总是任何政治的基础,尤其是回答这里所谈问题的基础。

第三章 国家对公民的正面福利、尤其是物质福利的关心

内容提要：向真正的研究的过渡——研究的划分——国家关怀公民的正面的，尤其是物质的福利——本章之规模——国家对公民正面的，尤其是物质的福利的关心是有害的，因为它：产生着形式的单调；破坏和妨碍着外在的、哪怕仅仅是身体的活动和外在的环境对人精神和性格的反作用；它必然针对一种错综复杂的大众，因此会由于采取一些带有严重缺点的、适应他们当中的每一个人的措施而损害着他们；它妨碍着人的个性和特长的发展；它增加国家行政管理本身的困难，增加为此所需要的手段，因而成为种种弊端的渊源；最后，在一些最重要的事情上，它扭曲着正确的和自然的观点——对有关认为上述这些弊端过于夸张的指责的辩护——与刚才被否定的体制相对立的体制的优点——从这一章所得出的最高原则——国家针对公民正面福利关怀的手段——国家作为国家所做的事情和公民个人所做同样的事情这两种情况的差异——检验对国家关怀正面福利是否必要的反驳，因为据说没有这类关怀也许就不可能达到同样外在的目的，得到同样的必要的结果——这种可能性的证明——首先通过公民自愿举办的、共同的活动——这类活动优于国家举办的活动。

　　用一个十分普遍的公式来表达,人们可以把国家在不违背刚刚所论述的原则之下为了社会幸福所做的一切,称之为国家作用的真正范围;从中也能直接得出更进一步的界定:在不是直接关系到一个人的权利被另一个人所损害的地方,国家任何干涉公民私人事务的尝试都该受到鄙弃。不过,为了彻底剖析所提出的这个问题,必须对各种国家一般的或者可能的作用的各个具体部分详细加以逐一探讨。

　　因为国家的目的可能是双重的:它可能促进幸福,或者仅仅防止弊端,而在后一种情况下,就是防止自然灾害和人为的祸患。倘若它限制在后一种情况,那么,它只寻求安全,这种安全允许我与统一在正面福利名义下的一切其余的、可能的目的作对抗。国家所应用的手段不同,它的作用广度也不同。也就是说,它要么试图直接达到它的目的,不管是通过强制——即法令、禁令或刑罚——还是通过鼓励和榜样;要么试图间接地达到它的目的,通过给公民的地位以一种对国家有利的形态并阻止他们采取其他的行动,或者最后,它甚至使他们的喜好与国家协调一致,力争对他们的头脑或心灵发挥影响。在第一种情况下,它起初仅仅决定着各种单一的行为,在第二种情况下,它已经是更多地决定着整个行为方式,在第三种情况下,它终于决定着人们的性格和思维方式。在第一种情况下,限制的作用也最小,在第二种情况下,限制的作用大一些,在第三种情况下,限制的作用最大,这部分是因为对产生若干行为的渊源发挥着作用,部分是因为作用的可能性本身要求举行若干活动。

　　不过在这里,不管国家作用的各种分支似乎显得多么不同,但很难有一种国家机构设置不是同时属于若干的分支,因为例如安全和福利是多么密切地相互依赖,而且哪怕是仅仅决定着各种单一行为的东西,如果由于经常地反复形成习惯,也会对性格产生作用。因此,很难在这里找到一种适合于本研究进程的对整体的划分。因此，最好是首先审视一下，国家的目的是否也应该在于关心民族实际的富裕，或者仅仅在于负责它的安全，在所有的机构设置方面，仅仅看它们主要以什么为对象或者具有什么后果，而对两种目的的任何一种，则要审视国家可以利用的手段。

因此，我在这里谈的是国家对提高民族实际富裕的整个努力，谈的是国家对全国人民的整个关心，部分恰恰是通过穷人救济机构，部分通过间接地促进农业、工业和商业的发展①，谈的是所有的财政和货币政策操作、进出口禁令，等等（只要它们具有这种目的），最后谈的是所有为防止自然灾害和灾后建设的一切活动。总之，谈的是意在维护或促进民族物质繁荣的国家的任何机构设置。因为道德弘扬不易由于自身的缘故而得到促进，而是毋宁说要出于安全的目的才得以促进，所以我在随后才讨论这个问题。

于是，我认为，所有这些机构设置都会带来各种不利的后果，对于一种从最高尚的然而总是从人性的观点出发的真正的政治来说，它们并不合适。

1.在任何一个这样的机构设置里，都是由政府的精神统治着，尽管这种精神多么贤明，多么有益，它却造成在民族里生活形式单调，带来一种外来的行为方式。它不是让人进入社会去磨炼他们的力量，如果他们因此在排他性占有和享受方面有所损失，那么，他们牺牲自己的力量为代价获得物品。恰恰是由于多人联合而产生的多样性是社会给予的最大财富，无疑，这种多样性总是随着国家干预程度的上升而逐渐丧失。不再是一个民族的成员们共同生活在一个共同体中，而是各种臣仆与他们国家发生关系，也就是说，与在它的政府里占据的统治地位精神发生关系，在这样一种关系里，单单国家的优势权力就已妨碍各种力量自由运作。原因千篇一律，结果也是千篇一律。因此，国家越多参与发

---

① "商业"之后请重复，会"提高"理解力。——德文版编者注

挥作用,就不仅是所有作用物都更加相似,而且一切被作用物也更加相似。而这恰好也是这些国家的意图。它们想要富裕和安宁。但是,得到这两者的容易程度总是正好与个人不相互争斗的程度一致。不过,人心里想要和必然想要的东西是完全迥然不同的,这就是多样性和活动。唯有这两者才给予人多方面的和强有力的性格,诚然,还没有任何人陷得深到宁愿用自身去换取一大群国人的富裕和幸福。但是,谁若这样推测别人,那么,人们会不无道理地怀疑他错看了人类,并且想把人变为机器。

2.因此,国家的这些机构设置削弱民族的力量,这可能是第二个有害的后果。正如通过从自身活动的物质产生的形式,物质本身获得更多的充裕和美一样,物质也同样会被人们从外面赋予它的形式所毁灭,它难道有别于刚才争论过的那种结合关系?进行这样一种结合,人们总是必须找到一些新的统一点,因此仿佛必须有大量新的发现,前先的差异越大,新发现的量也就必然越多。在那里,某些毫无价值的东西压制着某些有价值的东西。在人身上的整个东西就是组织。在他身上应该生长发育的东西,必须在他身上播种。一切力量都是以热情为前提的,而只有少数东西大力滋养着热情,能够把热情的对象看作是一种属于自身的当前或未来财产。但是,人永远不会像对待他自己所做的事情那样,同样强烈地把他所占有的东西看作是他自己的东西,耕耘一个园子的工人也许比悠然自得地享受园子者,在更加真实的意义上是财产的所有者。

也许这种太普泛的推理似乎不应应用到现实中去。也许这甚至毋宁说好像开拓很多学科有助于提高知识的力量,因而有助于提高人的文化水平和培养人的性格。我们首先要把很多科学的开拓归功于国家的这些和类似的机构设置,只有国家才有能力搞大规模的试验。不过,并非单单充实任何知识就能直接嫁接这些知识的力量、文化和性格,哪怕仅仅嫁接知识的力量,如果确实因此而促成这样一种嫁接,那么,这种情况也并非适用于整个民族,而是主要适用于同属于政府的那部分人。从根本上说，人的理智如同其任何其他的力量一样，只有通过自己的活动、自己的发明创造才能，或者通过自己去利用他人的发明，才能得到培养。但是，国家的各种规章法令本身总是或多或少带有强制性质，即使情况不是如此，它们也太容易使人习惯于更多地期待外来的教导、外来的领导、外来的帮助，而不是自己去思考出路，寻找解决办法。

国家可能赖以教育公民的几乎是唯一的手段在于，它提出它认定为最好的东西，就像公布它的调查研究结果，或者直接通过一项法律，或者间接托付某一个对公民有约束力的机构设置负责处理，或者通过它的威望、褒扬奖赏或其他鼓励手段刺激人们去接受这些东西，或者最后仅仅提出一些理由加以推荐。然而，不管它从所有这些办法中可能选取哪一种方法，它都总是距离教育这一最好的途径相去甚远。因为教育这一最好的途径无可争辩地在于：它仿佛把一切可能解决问题的办法都提出来，仅仅使人做好准备，自己去从中找出最巧妙的解决办法，或者最好是仅仅从对一切障碍适当的描述中，自己去发明这种解决办法。对于成年公民，国家只能采用一种消极的方式，即通过提供自由来推行这种教育方法，而自由会导致一些障碍的产生，又同时给予人以坚强的力量和灵巧以克服障碍，但是，对于正在接受教育的人，国家只能采用一种积极的方式，即通过一种真正的国民教育来推动这种教育方法。同样，国家随后要广泛审视一下这里很容易产生的异议，即认为在处理这里所谈的事务时，重要的是要把事情办了，而不是如何教会要办事情的人如何办事，犹如重要的是把农田耕作了，而不是让耕作的农民恰恰成为最精明的农场主。

然而，国家这样过分广泛的关心确实会对行为者的干劲和性格造成更大的危害。这几乎无需作进一步的论述。谁若在很多事情上都经常受指导，他就很容易仿佛是自愿地牺牲其剩余部分的自主行为。他会认为不需要他操心，有他人在操心，而且相信如果他期望得到他人的领导，并且言听计从，他就万事大吉了。这样一来，他的功过观念就颠倒混乱了。功的思想点燃不着他的激情，而过的痛苦更少侵扰他，而且很少会有作用，因为他远为轻而易举地把过错推给他的地位，推给那个赋予这种地位以形式的人。而且他还会认为，国家的意图也并非十分纯洁，国家不仅仅有意获取好处，而且至少同时另有他图，因此不仅力量受到损失，而且道德意志也深受其害。于是他认为，他不仅不受任何不是国家明确强加的义务的约束，而且甚至认为无需对他自己的状况作任何改善，有时他甚至可能担心，他的状况的任何改善都是国家可能利用的一次新的机会。只要可能，他就甚至连国家的法律都试图摆脱，并且把任何一次逃脱法律都看作是打了胜仗。

倘若人们想一想，在民族的一个远非小小的一部分人那里，国家的法律和机构设置仿佛勾画出道德精神的范围，那么，看看最神圣的义务和最任意专断的指令常常从同一个人的嘴里说出来，对它们的违反往往采用同样的惩罚，这是一派多么令人沮丧的情景啊。在公民相互间的行为举止中，那种不好的影响同样是显而易见的。正如每一个人自己都依赖国家的关怀帮助一样，他也会把他同胞的命运交给国家的关怀帮助去处置，甚至会有过之而无不及。但是，这样做会削弱人们的参与，并使人们更加不想相互帮助。至少，在感情最活跃的地方，一切都仅仅建立在感情的基础之上，共同的帮助也必然最为积极。经验也表明，一族人民中受压抑的、仿佛被政府遗弃的那部分人，总是倍加牢固地相互团结在一起。但是，在公民对待公民较为冷淡的地方，丈夫对夫妻关系也就比较冷淡，家长对家庭也就比较冷淡。

如果人们一切听任自流，放弃任何自己通过努力不能得到的他人的帮助，人们往往陷入尴尬和不幸的境地，这可能有他们自己的过错，或者没有他们自己的过错。但是，人活着就是想要得到幸福，这种幸福也不是别的，就是他的力量为他所谋取的幸福；

这些情况恰恰是一些磨炼理解力和培养性格的环境。在国家通过太过专门的影响阻止自主行为的地方，难道就不产生这类弊端吗？在那里也产生弊端，而且它使一旦习惯于依赖外来力量的人，更加听命于一种远为更加无可挽救的命运的宰割。因为正如拼搏和勤劳工作会减轻不幸一样，毫无希望的、也许是落空的期待会加重不幸，会加重十倍。即使假设在最好的情况下，我这里所谈的各种国家，太过于经常像是医生，医生们滋养着疾病，把死亡移后。在有医生之前，人们只知道健康或者死亡。

3.人所以为之忙忙碌碌的一切，即使它们仅仅是用来直接或间接满足身体的需要，或者用来实现外在的目的，它们都是最准确地与内在的感觉联结在一起的。有时候，除了外在的最终目的，还有一个内在的最终目的，有时候，后者甚至是真正打算想要实现的最终目的，前者仅仅与此必然或者偶然相结合。人愈是具有表里统一性，他选择的外在的事务就愈发自由地产生于他内在的存在，而在不是自由选择外在事务的地方，内在存在与外在事务的联系就愈发经常和愈发牢固。因此令人感兴趣的人在所有的环境和所有的事务中，总是令人感兴趣的；因此，如果生活方式与他的性格和谐一致，他就会如同根生于沃土，会开出美丽花朵，令人神往。

因此，从所有的农民和手工业者中也许能造就出艺术家，也就是说，人们为了自身的职业的缘故而热爱自己的本行，通过由自己掌握的力量和自己的发明创造精神来改善自己的行业，并因此而开化和培养他们的知识力量，砥砺他们的性格，而且也增进他们的享受。于是，人类就会通过一些东西而变得高贵，而现在这些东西，却往往服务于使人类丧失荣誉，不管这些东西本身多么美丽。人越是习惯于在各种理念和感觉中生活，他的知识和道德的力量就越强大，越高雅，他就越是试图自己去选择这样一些能同时给予内在的人以更多素材的外在环境，或者试图从命运把他投入其中的外在的环境里，至少赢得这样一些方面的东西。倘若人不懈地努力奋进,争取让他内在的存在总是保持第一位,让它总是成为一切活动的起点和最后的目标,而一切身体和外在的东西都只不过是他们内在存在的外壳和工具,那么,人在伟大和美的方面的收获是无可估量的。

现在选择一个例子作说明,在一个民族里不受干扰的农耕所造就的性格,在历史上并不显得很突出。民众把劳动奉献给土地,土地又把收获奖赏给民众,劳动和收获把民众甜蜜地拴在他们的耕地上和炉灶旁;参与造福社会的艰辛劳动和共同享受赢得的东西,把一条很亲切的纽带缠绕在每一个家庭上,甚至连一起劳动的大公牛都没有完全摆脱这条纽带。必须播种,必须收获果实,但是年年周而复始,只有很少的时候会令希望落空,果实使人有耐性、节俭和有责任感。人们从大自然直接获得果实,总是不断涌现感觉,即觉得尽管人必须亲手撒播种子,但是作物的生长和繁荣并非出自人的手。人们永远依赖有利和不利的气候,这时而使得人们对以更高造物感到惊恐万状,时而感到万众欢欣,人们交替地产生敬畏和希望,并且这导致 人们对之顶礼膜拜和感激;最简单的崇高、最不受干扰的秩序和最温和的善构成一种生动的景象,培养出他们质朴、伟大和温顺的性情,并使之乐于服从习俗和法律。农民总是习惯于生产,永不习惯于破坏,他是喜欢和平的,摒弃侮辱和复仇的行为。但是对不是由自己挑起的进攻却深感不公正,对于任何破坏他的和平的人,总是表现出大无畏的勇气。

诚然,自由是必要的条件,没有自由,即使是最富有感情的事情也不可能产生这种有益的作用。不是人自己选择的东西,人在其中只会处于受限制和被领导的地位,这种东西并不能内化为他的本质,它对他来说依旧永远是陌生的,他并不是真正用人性的力量,而是用机械的技巧来做这种事情。古代人,尤其是希腊人,对于任何涉及体力的事务,或者任何意在获得外在物品而不是意在内在教育的事务,都认为是有害和有失名誉的。因此,他们的对人最友善的哲学家们赞同奴隶制,仿佛是要通过一种不公正和野蛮的手段来保障人类的一部分的最高尚的力量和美,而牺牲人类的另一部分。

　　不过,理智和经验可以轻而易举地指出,这整个推论的基础是错误的。从事任何事情都能使人高贵,给人以一种特定的、可尊敬的形象。关键仅仅在于这种事情进行的方式;这里可以假定为普遍的规则:即只要所从事的活动自身和用到这上面的力首先充满灵魂,它就发挥着有益的作用,与此相反,如果人们更多地注视它所导致的结果,而且把它本身仅仅看作手段,它则不太会发挥好的作用,而往往是起有害的作用。因为一切自身有刺激性的东西,都会唤起人们的尊重和爱,而一切仅仅作为手段可望有利可图的东西,只能唤起人们对利益的兴趣;于是,人会由于尊重和爱而变得高贵,其程度与人由于利益而可能受污辱的危险程度相同。如果国家进行着一种我这里所谈的正面的关心,那么,它可以把它的眼光仅仅放在结果上,并确定一些规则,执行这些规则对取得最完美的结果是最为有利的。

　　在人的真正目的完全是属于道德性质或者是智慧性质的地方,或者在事情本身——不是它的各种后果——是有意安排和这些后果仅仅是必然地或者偶然地与此有关联的地方,这种有局限的眼光再也没有任何地方比在这里所造成的危害更大了。根据科学研究和宗教观点,人们之间的一切结合关系以及与最自然的、对于单一的人和国家都是最重要的结合关系即婚姻就是如此。

　　两性的结合恰好是建立在两性差别之上的,正如婚姻也是能够被最正确地界定一样,这种结合可以使人以多种方式加以设想,能够把那种不同的看法和产生于那种不同看法的心灵喜好和理智目的以同样多种的形态接受下来,在每一个人身上,他更多地追随外在的整个目的,还是更宁愿磨炼他内在的本质呢?他是投入更多智力呢,还是更多倾注感情?他是朝三暮四呢,还是孜孜以求？（在结合中）他是若即若离呢，还是形影不离？在最紧密的结合关系中，他保持着更多一些还是更少一些独立性呢？而其他大量无穷无尽的决定因素会极为不同地改变着他在婚姻生活中的处境。但是，不管这种处境是如何被决定的，这对他的本质和他的幸福快乐的影响是显而易见的。至于想依照他心绪找到现实或者构建现实的尝试究竟是成功还是失败，其本质日臻完美或者退化，绝大部分就取决于此。那些最令人感兴趣的人，他们理解得最细微和最轻松，把握得也最深刻，在他们当中，这种影响尤其强烈。

　　总体而言，人们可以有道理地更多地把女性算作这种人，而不是男性，因此，前者的性格最为取决于在一个民族里家庭关系的类型。她们同很多外在的事务完全没有关系；几乎仅仅受到一些听任内在本质差不多不受干扰地自由发展的事务所包围；她们由于可以是什么而不是由于有能力做什么而变得更为强大；由于内蕴的感觉而不是外露的感觉而富有表现力；通过更为苗条的身材、更为机灵的眼睛、更为撼人魂魄的声音，而表现出种种更加丰富的、最直接的和最无预兆的表现能力；在同他人的关系上，更多地期待和吸纳他人的意见，而不是迁就；自身较为软弱，但是并不因此而是由于赞赏他人的伟大和强大，才怀着更加发自内心的诚挚，亲切随和；在结合中不断努力争取用联合的行为去接受，在自己身上培养被接受的东西，并在培养后奉还复归；同时，女性更加富有注入了爱的关怀和强烈的感情的勇气，爱的关怀和强大的感情并非蔑视反抗，但是鄙夷在忍受中屈服——女人们本来比男人更加接近人类的理想；如果说她们达到这种理想的情况比男人更罕见的说法并非不真实，那么，也许仅仅是因为走直接的、陡峭的崎岖小道比绕道而行更艰难一些。

　　然而，一个多么富有刺激性、多么自成一体的生命之物，在它身上的任何东西也就不会没有作用，而任何作用都不是涉及一个局部，而是涉及整体，这一生命之物在何等程度上会为外在的不调和所破坏,这是无须再提醒的。然而在社会里,有无限多的东西取决于女性性格的培养。如果说任何一种出类拔萃的东西都——如果我可以这样说的话——表现在一种生命之物当中这个观念没有错的话,那么,女性的性格保藏着整个美德。

男人争取自由,女人追求美德。

如果根据诗人的这句感受深刻和真实的名言①,男人致力于排除妨碍成长的、外在的障碍,那么,妇女们灵巧的手则培育着慈善的、内在的社会道德,唯有在这种社会道德里,单单力量的充沛就足以有能力盛开花朵。而当妇女们更深刻地感受人内在的存在,更细致地洞察它那多种多样的关系,当任何感官都最乐意供她们支配和使她们不能保持往往使真实变得朦胧的表面冷静,此时,她们更加精心地培养慈善的内在的社会道德。

如果说还是显得有必要的话,那么,历史也会证实这个推理,并且处处都显示出,民族的社会道德与女性的重视有着密切的联系。因此,从前面的论述可以看出,婚姻的作用同个人的性格一样,是丰富多彩的,也就是说,如果国家企图通过法律来规定与个人的每一状况如此密切联系的结合关系,或者通过国家设置其他一些东西来规定,而不是使之取决于纯粹的喜好,这必然会带来最为有害的后果。当国家在作这些规定时,几乎只能看到种种后果,看到居民,看到儿童的教育,情况就会更是如此。诚然,可以清楚说明,通过高度地关心最美的内在的存在,正是这些东西也会导致同样的结果,因为在细心进行研究时,人们发现了民众中的一位男人与一位妇女不分开的、持久的结合是最为有益的,无可否认,没有别的结合能同样产生于真正的、自然的、美满和谐的

---

① 歌德的《托克瓦多·塔索》,诗,第1022行。——德文版编者注

爱情。此外,这种结合也同样恰恰容易导致这样一些能够带来我们的习俗和法律的关系:生儿育女,严格的教育,共同的生活,部分财物共有,由男人安排外部事务,由女人管理家政。

不过我认为,错误似乎在于法律的发号施令,因为上述这样一种关系只能产生于喜好,不能产生于外部的指令,在外来的强迫或领导违忤人的喜好的地方,喜好更不会返回到正道上。因此,我认为,国家不仅应该放宽管束,而且国家根本不应该插手婚姻这种事情,并且在更大程度上把婚姻这种事情完全听任个人和由他们订立的形形色色的契约去自由随意处置,不管这是一般的契约也好,还是各种契约的变化形式也好,国家都以免开尊口为好——我在这里不是一般地谈论婚姻,而是谈论发挥限制性作用的国家机构的个别的、在婚姻问题上十分引人瞩目的害处,如果许可的话,请让我仅仅根据在上文中大胆提出的断言,做出这种国家不该插手婚姻的决断。有人担心,这样一来会破坏一切家庭关系或者也许甚至从根本上妨碍家庭关系的产生——在这样或那样的地方环境中,这种担心可能是有道理的——不过,只要我一般尊重人和国家的本性,这种担心是吓不倒我的。因为经验往往表明,恰恰是法律放手不管的事情,就由习俗来管制;外在强制的理念,对于像婚姻这样一种仅仅建立在喜好和内在的义务之上的关系,是完全陌生的;进行强制的机构设置的后果恰恰是事与愿违的。

4.此外,国家关心公民的正面福利是有害的,因为这种关心必然是针对情况错综复杂的大众,关心措施就要适应其中的每一个人,它们只能具有明显缺陷,因而损害着一些个人。

5.国家的这种关心阻碍着个人在道德生活,尤其是在实际生活中个性和固有特点的发展,即只要人在这里似乎也仅仅是注意这些规则(但是,这些规则也许仅仅局限在法的原则上),处处都注意以最具有特色的方式培养自己和他人的最高眼界,处处都为这种纯洁的意图所指引,首先是把任何其他的利益都服从这种没有夹杂任何感性的动机而得到认识的准则。不过,人在有能力进行文明开化的一切方面,都处于一种极为密切的联系之中,如果说在智慧的领域里,这种相互联系比在身体的领域里倘若不是更内在一些,那么至少更明显可见一些,那么在道德的领域里,这种相互联系则还要远为明显可见。因此,人们必须相互结合,但不是为了丧失固有的特点,而是为了摒弃排他性的孤立状态;结合不必把一种本质变为另一种本质,但是仿佛是打开由一种本质通往另一种本质的入口通道;每个人必须把自身占有的东西同从其他人接受的东西进行比较,并据此进行修正,但不必因此令其受到压制。这是因为正如在知识的王国里,真实的东西永远不会同真正值得重视的东西相冲突一样,在道德的领域里,真正的东西也永远不会同真正值得重视的东西相冲突;因此,为了消除不能相互并存、因而也不会为自身带来伟大和美的东西,各种具有固有特性的性格进行密切和多种多样的结合是必要的,保持和滋养其存在互不相扰的东西,并孕育为新的、更加美丽的东西,这也同样是必要的。

因此,不懈地努力争取把握和利用对方最内在的固有特点,并且怀着最诚挚的尊重,把它作为一个自由的人的固有特点,这似乎获得了成功,对它发挥影响——在发挥这种作用时,除了展现自己,仿佛在对方的眼前同他进行比较外,不容易允许采取别的手段来体现那种尊重——这是交往艺术最高的原则,也许在一切艺术中,这种艺术迄今为止还一直是最受忽视的。不过,尽管这种疏忽能够轻而易举地给人以一个借口来表示原谅,即借口认为交往应该是一种休息,不应该是一种艰难的劳动,而且认为,可惜在很多人身上,几乎看不出有什么令人感兴趣的、有其固有特性的一面,但是,每一个人似乎对他自己过分看重,以至于不必去寻求另一种消闲来更替有趣事务,更不必去寻求这样一种恰恰使他最高贵的力量变得无所事事的消闲,而且每一个人似乎对人类过于敬畏,以至于不能去声明人类中的哪怕一员根本不可以被利用,或者通过影响让他变成另外的样子。但是,那种把与人交往并对他们发挥作用作为他自己的事务的人,至少不许忽视这种观点,因此,只要国家正面关心外在的和物质的福利,哪怕是这种福利仅仅与内在的存在总是密切相联系的,这就不能不妨碍个性的发展,那么,这就是一条新的理由,说明除非有绝对的必要,永远不许作这种关心。

这可能就是由于国家正面关心公民的福利而产生的最主要的、有害的后果,它们虽然首先与进行这种关心的某些方式有密切的关系,但是我认为,它们与这种关心本身是密不可分的。现在我只想谈谈国家对物质的福利的关心,无疑,我在前面也都是处处从这种观点出发的,仔细地把一切仅仅涉及道德弘扬的东西区别开来。不过,我在开头就立即提醒注意,本文的研究对象本身不许可我们作很准确的区分,也就是说,也许可以以此请求原谅,如果在前面有关国家所做的整个正面关心的许多推论确实是对头的话。不过到现在为止,我假定,我这里所谈的国家设置问题切实已经被击中要害了,因此,我还必须谈谈真正在规章制度本身所表现出来的若干障碍。

6.诚然,在规章制度里,再也没有什么比权衡人们有意安排的和总是与此密切相关的利弊,尤其是对自由的限制更有必要了。不过,这种权衡十分难以完成,也许是根本不会确切和充分实现的。因为任何进行限制的机构设置,都与各种力量自由的、自然的表现相冲突,产生出无穷无尽的新情况,因此,无法预见随后又会带来的大量的各种情况(即使假定事情是以最平常的过程进行的,并且撇开一切重要的、没有预计到的偶发事件而不谈,而偶然事件是永远不可避免的。)任何有机会从事较高级的国家行政管理的人,肯定会从经验中感觉到,很少有规章真正具有一种直接的、绝对的必要性,与此相反,很多规章有着一种仅仅是相对的、间接的、取决于其他此前形成的必要前提的必要性。因此这样一来,就必须有更多的手段,而恰恰是这些手段未能被用来实现固有的目的。不仅这样一种国家需要有更大量的收入，而且它也要求较为人为地设置一些机关来维持自身的政治安全，各个部分相互间不太会自动牢固地联系在一起，国家必须进行更多的关心。于是就产生了这样一种既是困难的、可惜又往往被忽视的计算：国家的自然的力量是否足以搞到所有必要的手段？倘若错误地不进行这种计算结果，那就存在着一种真正的不协调，因此一些新的、人为的措施就会使各种力量过于紧张，太多的近代的国家患有这种弊病，尽管不仅仅是由于这个原因。

同时，有一种危害尤其不容忽视，因为它同人及其教育十分直接相关，即这样一来，国家事务固有的行政管理就错综复杂地相互交织在一起，为使这种盘根错节不至于陷为一片混乱，国家行政就必须建立其数量令人难以置信的分门别类的机构，并且同样雇佣很多人员。同时在这些机构和人员中，大多数都只跟各种例行公事打交道。这样一来，不仅很多也许是出类拔萃的头脑不用思维，很多一般能做更为有益的事情的双手不去做实实在在的工作，而且由于这种部分是空洞的、部分是片面的事务，他们的精神力量本身也深受其害。于是，产生了一个新的和寻常的职业来处理国家的事务，这个职业使国家的公仆们更加依赖国家中支付他们工薪的、执政的那一部分，而不是真正依赖于全体公民。不过，经验无可辩驳地证明，从中还会产生另外一些害处，如等待国家的帮助，缺乏独立自主，错误地追求虚荣，饱食终日，无所事事，甚至会产生贫穷匮乏。

由这些害处产生这种弊端，这种弊端又反过来产生害处，如此交替进行，反复出现。那些一旦采取这种方式管理国家事务的人，总是越来越不看事情的实质，而是仅仅注重形式，在形式方面，他们总是不断带来也许是真正的改进，不过仅仅由于不够注意事情的实质本身，因而改善的结果往往有害于事情的实质，这样就产生新的形式，新的广阔领域，往往还产生新的、进行限制

（个人自由）的规章制度，由此当然又产生新增加的从业人员。因此在大多数国家中，国家的公仆和文书档案的人数一个年代接一个年代地在增加，而臣民的自由则在减少。对于这样一种行政管理，当然至关重要的是一切都有最详尽的监督，最准时和最忠实地完成任务，因为在这两者中犯错误的机会要多得多。因此，就此而言，人们不无道理地试图让一切事情都尽可能地有很多人经手，让自己尽可能少冒犯错误和疏忽的危险；但是这样一来，各种事务几乎都变成机械的了，而人们几乎都变为机器；真正的干练和正直心总是随着工作的熟悉而马上减少。

最后，由于我这里所谈到的各种事务将会保持其极大的重要性，而且为了能够保持逻辑一致性，当然也必须保持其极大的重要性。这样一来，有关重要的事情和不重要的事情、荣耀的事情和遭人鄙视的事情、最后的最终目的和各种从属的最终目的等的观点，就相互错位、本末倒置了。因为这种事务的必要性又会由于某些引人注目的有益的结果也能补偿它们的害处，我对这个问题不再多作探讨，现在就转入最后的观察，即转入研究国家的正面关心所促成的观点的相互错位、本末倒置。迄今所做的一切论述仿佛是对最后观察的一种必要准备。

7.人们——为了用一种普遍的、从最高的视角进行彻底的观察来结束这一部分研究——为了各种事的缘故而被忽视，力量为了各种结果的缘故而被忽视。根据这种制度，一个国家与其说像一大群从事劳动和进行享受的人，不如说更像一大堆放置在一起的、无生气而有生命的职能和享受工具。在忽视行动的人的独立自主性时，劳动似乎仅仅是为了幸福快乐和享受。不过，对于幸福快乐和享受，只有享受者的感觉能做出正确的判断，如果说上述这种考虑也是正确的，那么无论如何，它还远离人类的尊严十万八千里。因为似乎恰恰是这个仅仅以安宁为目的的制度，仿佛由于担心它的反面而自愿放弃人最高的享受，这是从何而来的呢？人在感到自身有着最充沛的力量和最高度的统一的时候,享受也最大。诚然,此时他也最接近于最大程度的苦难。因为在高度紧张的时刻之后,可能只有另一种同样的高度的紧张尾随,享受或者匮乏的方向掌握在不可战胜的命运手中。不过,如果说人身上至高无上的情感值得称之为幸福,那么,痛楚和苦难就获得了一种变化了的形态。人在其内心正在变为幸福和不幸的驻地,它并不随着承载它的汹涌澎湃的洪流而变换无定。我感到那种制度会导致想摆脱痛苦的努力徒劳无果。谁若真正理解享受,他就会忍受痛苦——但痛苦也总是会袭击逃跑者,他总是不停地安于命运的平静的进程;伟大的景象深深地迷惑着他,它既能够产生,也能被毁灭。因此,他自己——当然,只有耽于幻想的人才会在并非罕见的时刻——感觉到,甚至感到自己被毁灭的时刻也是令人心醉神迷的时刻。

也许人们会责备我夸张了这里所列举的害处;不过,我不得不描述国家——我这里所谈的国家——干预的全部影响,不言而喻,根据这种干预本身的程度和方式,那些危害是十分迥异的。总而言之,请允许我完全不考虑将这些论述所包括的一般东西同现实进行比较,进行抽象的概括。在现实里,人们很少能够找到一个如此充分和纯粹的个案,即使存在这种情况,人们也不能直截了当地看到各种具体事物对自身的各种具体的影响。而且人们也不允许忘记,一旦存在着有害的影响,腐败堕落就会加快步伐,更加泛滥,愈演愈烈。正如更大的力量与更大的力量联合产生出双倍的更大的力量一样,更加微不足道的力量与更加微不足道的力量联合就会变成双倍的更加微不足道的力量。什么样的思想本身敢于跟上这些迅速的进展步伐呢? 因此我认为,也应该承认,如果这里理论还更多地通过在推行该理论过程中必然产生的、真正不可名状的运气而得到证实,那么,害处也许至少就不会那么大——倘若推行这种理论完全可能的话(当然人们对有些地方会有所怀疑)。因为总是在活动的、永不安静的、事物内在固有的力量会抗拒着对它有害的机构设置，促进对它有益的机构设置，因此，即使最努力奋斗也永远不能促成同样这么多的恶。比起总是处处自动地产生出善来，这是千真万确的。

在这里，我也许可以提出一幅一族人民的令人高兴的对比画面，它自己的和周围其余民族的关系最为多种多样，它生活在最高的和最不受束缚的自由之中；我可以指出，在一个其刺激性无以名状的古代里，一种不甚开化的人民的固有特性总是比较粗犷和粗野，在那里，性格的坚强、甚至是性格的丰富性也总是随着修养日深而发展，在那里，一切民族和世界各洲的结合几乎毫无边界，各种要素似乎还更多一些，比之于这样的时代，在这里，多姿多样性和独特性会以同样更加美丽、更加高尚和更加令人惊叹的形态出现；我还可以指出，如果任何一个有生命之物都由自身出发进行组织，如果它永远为最美丽的形态所围绕，凭借不受限制和永远为自由所鼓舞的自主活动，把这类形态改变为自身的东西，那该会变得多么的强大啊；如果再也没有任何东西会妨碍一切人的事务对精神和性格的自由的反作用，人的内在的存在将会成为多么美妙和精微，犹如它将会成为人的更加迫切的事务一样，犹如一切物质的和外在的东西都将转变为内在的、道德的和知识的东西，并且人将持久地获得连接人身上的这两种本质的纽带；正如没有任何人会为另一个人做出完全牺牲一样，每一个人都保持着其整个的、归其所有的力量，并且正因如此，一个更加美好的意愿使他感到欣喜，这就是一种在为他人行善的方向上奉献其力量的意愿；如果人人都在其固有的特性方面不断进步，那将产生美好的、符合人性的性格，而且产生更加丰富多彩的和更加精妙的细微性格差别，更少产生片面性，片面性根本就只不过是软弱和贫乏的一种后果，而且如果再也没有任何东西强迫他人成为他的翻版，由于同其他人结合的经常不断的必要性，每个人都会更加紧迫地促使自己按照其他人的楷模不断改变自己并由自身来改变他人。可以指出，在这族人民之内，将不会丧失为改善和享受人类存在的任何力量和任何人手;最后,可以指出,这样一来,大家的观点都仅仅立足于这一方向,摒弃任何其他错误的最终目标,或者摒弃不太值得人类追求的目标。于是,我本来可以结束阐述我的这种看法:这样一种宪法的后果不管在一族什么样的人民当中,如果传播开来,本身都会使人们那些当然永远无法完全根除的苦难、自然灾害、敌意倾向的堕落和过分的穷奢极欲极大地丧失其可怖性。不过,我满足于描绘了这幅对比画面;对我来说,抛砖引玉,提出一些想法就已足矣,以便人们能用一种更加成熟的评判来检验这些理念。

倘若我从前面的整个推论中试图得出最后的结论,那么,眼下这一部分研究的第一条原则必然是:

> 国家不要对公民正面的福利作任何关照,除了保障他们对付自身和对付外敌所需要的安全外,不要再向前迈出一步;国家不得为了其他别的最终目的而限制他们的自由。

现在,我本该转入论述进行这种关心所必需的手段。不过,根据我的原则,我本人根本不赞同这些手段,所以我可以对它们表示沉默,我仅仅满足于一般地指出,这些为了福利而限制自由的手段,可能具有十分不同的性质。直接的手段:法律,鼓励,奖赏;间接的手段:如国家的统治者本身是最可观的财产所有者,由他来排定各种公民的大多数的权利、垄断等等,所有这一切都会带来损害,尽管按其程度和方式来说是十分迥异的损害。如果说在这里人们既没有对前者也没有对后者提出异议,那么,要禁止国家去做任何单一的个人都可以做的事情,如答应给予报酬和支持给予报酬,成为财产所有人等等,那似乎就很奇怪了。如果说在实施这些手段时,国家恰恰可能扮演着模棱两可的角色,如同它在我们的抽象分析中所做的那样,那么,我对此就不必提出什么异议。这样的话,就与一个私人个人具有强有力的影响恰恰并无二致。不过，除了理论和实践之间的那种差别之外，因为一个私人个人的影响可能会由于他人的竞争、其财富的零散分割、甚至他自己的死亡而停止，这纯粹是一些在国家身上不会发生的事情，因此，当国家不是受到一些恰恰是仅仅取之于强制本质的证明所支持时，这更会与国家不得干涉不是单单涉及安全的任何事情的原则相对立。

　　个人也会由于另外一些不同的理由而行动。例如，如果个别的一位公民悬赏奖励，我想假定——这种事情也许永远不会发生——奖赏本身的作用与国家的奖励是一样的，那么，他这样做是为了他的益处。但是，由于他总是在与所有其余的同胞交往和由于他的地位与其余同胞的地位是平等的，他的益处与其他人的益处和害处有着明确的关系，因而与他们的状况处于明确的关系之上。也就是说，他想达到的目的在某种程度上在当前已经有所准备，并且因此而发挥着有益的作用。与此相反，国家的理由是一些理念和原则，对于理念和原则，哪怕是最准确的计算，也往往会落空失算；倘若这也是一些出自国家的私人地位而提出的理由，那么这种私人地位本身对于公民的福利和安全也往往是令人担忧的，永远不会在同样程度上与公民的地位相同。如果它与公民的地位相同，那么在现实里，也就不再是能够采取行动的国家了，于是，这种推论本身的本质就禁止利用国家。

　　然而，正是这个推论和以前的整个推论，仅仅是从一些只把人的力量本身及其内在的教育为对象的观点出发的。人们可能有理由指责这种推理也有片面性，如果它完全忽视各种其存在对于那种力量从根本上讲能发挥作用而必要的结果。因此，在这里还产生了这样的问题：正是这些国家不必关心的事情，如果没有国家，自己是否能够兴旺发展？这里本来是我一一论述和用专业知识来剖析各种行业，如农业、工业、商业以及其余一切我在这里笼统讨论行业的地方，探讨自由和自行处置会给它们带来什么样的损害和益处。恰恰是缺乏这种专业知识，妨碍着我进行这种探索。我也认为，这种探讨对于事情本身已不再必要了。不过，尤其从历史上好好进行论述，它可能会对我们更多地推荐这些理念同时判断一种进行经过修正的论述的可能性带来很大的好处，因为在任何一个国家里，各种事物现存的实际形势，很难允许有一种不受限制的地位。

我只满足于提出少数几点一般的看法。任何事务不管它具有什么样的性质，如果人们仅仅为着自身而不是为着那些结果去做，都会做得更好。这也深深地隐藏于人的本质里，因此，人们起初只是为了有用才选择的东西，一般最后会成为对自己富有刺激性的东西。但是，这之所以仅仅涉及人的活动，仅仅是因为人喜欢活动更甚于追求占有，只要这一活动是人的自主活动。恰恰是精力最充沛和最勤劳的人，宁愿从事一种被迫的劳动，而不愿意无所事事、游手好闲。财产的理念也只能与自由的理念一起成长，而且我们恰恰应该把付诸最大精力的活动归功于财产的归属感。

任何达到一种伟大的最终目的都需要规章的统一，这是毋庸置疑的。同样，任何防御或抗御大的不幸事故、饥荒、洪水，等等，也要求规章的统一。不过，这种统一也可以通过民族的机构实现，而不仅仅依赖国家的机构。必须给予民族的各个部分，而且甚至给整个民族本身以通过缔结契约建立结合关系的自由。民族的机构和国家的机构之间仍旧一直存在着不容否认的重要差别。前者只拥有一种间接的暴力，后者则拥有一种直接的暴力。因此，在前者那里，在缔结、分开和修正公民之间的结合关系时，有更多的自由。起初，一切国家的结合极有可能无异于一些民族的联合体。不过在这里，经验恰好表明，如果维护安全和达到其他的最终目的的企图相互结合在一起的话，还会带来种种有害的后果。谁若要管这种事情，为了安全起见，他就必须握有绝对暴力。但此时他也把暴力扩展到其他事情上去，机构的设置离开它产生的年代越久远,权力就越强盛,就越不会记起基本的契约。

与此相反,在国家里的一个机构,只要它获得这种契约和它的威望,它就拥有暴力。仅仅这一条理由似乎就足矣。不过,即使基本契约得以准确保持,即使国家的结合在最狭隘的意义上是一种民族的结合,那么单一的个人代表意志也只能是通过代表制来表达,而若干人的一位代表不可能是各个单一的被代表者的意见的一个忠实的机关。但是现在,从所有在前面论述的理由得出的结论有必要取得每一个单一的个人的同意。这种必要性甚至排除多数表决制,但是,这样一种国家的结合扩大到了涉及公民正面的福利的各种对象上,在它里面,不可能设想有别的表决办法,只能采纳多数表决制。因此,那些不赞同的人为了逃脱因此而引起的、这个社会的司法管辖权,并使多数表决对自己不再适用,别无他择,只能退出这个社会。不过,如果退出这个社会同时意味着离开这个国家的话,这就简直难于上青天,几乎不可能。此外,如果出于各种考虑建立了各种具体的结合关系,而不是缔结面向未来不确定情况的、更为一般的结合关系,这样做会好一些。

最后,在一个民族里,自由人联合体的产生会有更大的困难。于是,如果说这在一方面也不利于达到各种最终目的——总是仍然必须考虑,更难产生的东西,一般也具有更加牢固的持久性,因为经过长期考验的力量似乎是相互适应地接合在一起——那么肯定无疑,一般来讲,任何更大联合的益处就会更少。人越是为了自己而发挥作用,他就越能够培养自己。在一个大的联合体中,他很容易变为工具。这类联合体对于经常用文牍符号取代事物本身也是负有过错的,文牍 符号总是妨碍教育。死的象形文字不能像活的大自然那样令人欢欣鼓舞。

在这里,我不列举任何例子,只想提醒注意穷人救济机构。还有别的东西能如此严重地扼杀一切真正的同情感、一切抱有希望的然而是平淡的请求、一切人对人的信任?有一种乞丐,他宁愿在收容院里舒舒服服地待上一年，让人供养，而不愿意忍受某些苦难，之后他就不会再遇上一只甩开他的手，而是会遇到一颗同情的心，难道不是人人都蔑视这样一种乞丐？因此，我承认，我们如果没有大众大规模参与，就不会取得这么快的进步，如果我可以这样说的话，人类在上几世纪里是以大众参与发挥作用的，不过，这不仅仅是涉及很快的进步。如果果实结得慢一些，但也熟得透。难道它不更是为人造福吗？因此，我想，我可以不再讨论这种异议，回头探索其他问题了。另外两种异议留待随后考察，即在这里规定国家不作任何关心的情况下，维护安全是否可能？以及考察搞到必须给予国家发挥其作用所必要的手段，是否至少会使国家机器的轮子更多方面干涉公民的情况成为必要。

第四章　国家对负面福利
即安全的关心

内容提要：　国家关心公民负面的福利即他们的安全——这种关心是必要的——它构成国家固有的最终目的——从这一章里得出的最高原则——通过历史来证实这条原则

人有一种欲望，即他总是想超越合法为他们划定的范围，去干涉他人的领域①，并且由此产生弊病，进而又从中产生不和，犹如大自然有形的弊端以及至少可以与此相提并论的道德弊病一样，道德弊病由于过度的享受或者过度的匮乏，或者由于其他的与维持生存的必要条件不相协调一致的行为，最终的结果是自我毁灭。倘若为了解决这些弊端，一般没有必要联合为国家。对于前者，人借助其勇气、聪明和小心谨慎就能对付，对于后者，借助来自于经验教训的智慧就能自动遏制，至少在两者中，总是随着弊病的克服而结束一场斗争。因此，没有必要有一种最后的、毫无矛盾的、至少在最固有的意义上构成国家这一概念的权力。

---

①　我在这里所阐述的东西，希腊人用唯一的一个词表示：pleonxia，但是，我在其他语言中找不到一个意思完全相同的词来代替它。在德语里可以用"Begierde nach mehr"（渴望得到更多）；虽然这并不同时暗示不合法的理念。这种理念存在于希腊文的表达里，虽然不是在词义上，但是在作家们经常的应用上（至少我个人感到是这样的）。Uebervorteilung（过分占便宜）这个词可能更合适一些，虽然在语言的应用上，范围不完全一致。

　　但是,人的分歧、不一致则完全不同,它们一般也总是要求有一种刚刚描写过的暴力。因为在不和时,会从斗争中产生斗争。侮辱带来复仇欲,而复仇则是一种新的侮辱。也就是说,在这里,人们回复到一种不许有新的复仇的复仇,这种复仇就是国家的惩罚,或者回复到一种能迫使争执各方平静下来的判决,这就是法官的判决。

　　也没有任何东西像人对付人而采取的行动那样需要有一种强制的命令和无条件的服从,人们可能会想到驱逐外敌,或者维护国家内部的安全。没有安全,人就既不能培养他的各种力量,也不能享受这些力量所创造的果实,因为没有安全,就没有自由。然而,这同时也是人自己不能单独办到的事情。刚刚触及过很多但尚未进行阐述的理由和经验表明这种情况,因为我们的各种国家缔结了很多条约和同盟,而且畏惧往往也阻止着暴力行为的发生,这些国家无疑处于远为有利的地位,大大超出允许设想在自然状态的人,但是它们却没有享受安全,而即使在最中庸的宪法里,最普通的臣民都享有这种安全。因此,如果说在前面的论述中,我让国家不要对很多事情进行关心,民族本身能把这些事情办得同样好,而又没有在国家操持的同时带来的那些坏处,那么现在,我基于同样的原因,认为国家也需关心安全,即关心单一的个人仅仅以他自己的力量不可能完成的唯一事情①。因此在这里,我认为可以提出第一项正面的、但是随后将会做更仔细的界定和限制的原则:既防范外敌又防范内部冲突,维护安全,必须是国家的目的,必须是它发挥作用的领域。因为我迄今为止仅仅企图从负面作界定,即认为国家至少不得进一步扩大它的作用的界线,所以现在给予正面的界定。

　　这个论断也得到历史的充分证实,在所有早期的民族里,国

_____

　　① 安全及个人的自由是单一的人唯一不能自己保障的东西(密拉博:《论公共教育》,第119页)。

王们无非是战争时期的首领与和平时期的法官。我说的是"国王们"。因为——如果允许我这样偏离题目的话——历史向我们表明,不管显得多么奇怪,恰恰在人还只有很少的财产,只认识和珍惜个人的力量,把最不受干扰地使用他的力量当作最高的享受的年代里,他的自由感觉是最弥足珍贵的,国王们和各种君主政体则无足轻重。亚洲所有国家的宪法如此,希腊、意大利和最热爱自由的部落即日耳曼部落最古老的国家宪法也如此。① 如果人们考虑一下这里的种种原因,那么,人们仿佛会对这种事实感到惊讶:一种君主制的选择正好是选举者们最高度自由的一种证明。

如上所述,发号施令者想法的诞生,只能是由于人们感到必须有一个首领或者一位仲裁法官。于是,一位领袖或者一位裁决者毋庸争议地是最符合目的的事情。真正自由的人担心,有人会想从一位领袖和仲裁法官变为一个统治者,但他无法阻止这种可能性;他不相信任何人会拥有能奴役其自由的权力,不相信任何自由人会有成为统治者的意愿——无论实际上渴望统治的人对于自由的高尚的美是多么不敏感,他多么热爱奴隶制,只是他自己不想当奴隶——情况就是如此产生的,犹如道德随着恶习、神学随着异教、政治随着奴役一起产生一样。不过,我们的君主们当然不像在荷马和赫西奥德时代的国王们那样,采用一种那样甜蜜的语言:

在渊源于神明的国王们之中,倘若崇高的宙斯的女儿们尊敬谁,在其降生时她们的目光投向谁,她们就用妩媚的露珠滴润他的舌头,令其双唇说出的话语甜蜜无比。

---

① 见萨鲁斯修斯(公元前 86 年—公元前 35 年,罗马史学家。——译者)《卡蒂利纳的君主们》第二章。(起初,所有希腊的城市都被国王们统治着,等等。)同时参阅狄奥尼索斯·哈利卡纳索斯(希腊修辞学家和历史学家,公元前 30 年到过罗马。——译者)《古代罗马史》,第一卷,第五章。

以及：

　　因此，贤明智慧的国王们进行统治，如果争执使各族人民分裂，他们可以毫不费力地劝说他们和睦相处，用温和的语言循循善诱，引导他们。①

---

　　①　见赫西奥德《神统记》第 81 和 88 行。——德文版编者注

第五章　国家对外部安全的关心①

　　内容提要：国家关心抵御外敌确保安全的责任——作这观察时所选择的观点——战争对各民族精神和性格的影响——我们这里提出对战争的状态和一切与它有关的机构设置的比较——这种状态对于人的内在教育形形色色的害处——从这个比较中得出的最高原则

　　为了回到我的分析计划上，我几乎不必就抵御外敌、确保安全再说什么，如果不是要增加将安全逐步落实到种种具体的对象上，这一主要理念的明晰性的话。不过，当我将仅限于考察战争对民族性格的影响，因此仅限探讨战争对我在这整项研究中选择的占主导地位观点的影响时，这种应用就将更加不会是无益的。于是从这个观点出发来观察事物，我感到战争对于教育人类是最有益的现象之一，我不乐意地看到它慢慢地越来越退出舞台。这是当然会令人惊恐万状的极端。由此，对付危险、劳动和艰苦的坚强勇气就会经受考验和锻炼。此后，这种勇气在人的生活中会发生十分不同的细微变化，唯有它给予整个形态以强度和多样

---

　　①　第五章首次登载于《柏林月刊》第 20 期（1792 年 10 月），第 346—354 页。论文的题目是《国家关心防范外侮，确保安全》。比斯特尔对刊印该文作了如下提示："出版人提醒注意，我们这里向读者推荐的对一个论题所作回答的问题，是研究内政的一个问题。该论文是一部作品的一小部分，作品的标题将是：《尝试界定国家作用之界限的若干想法》。"——德文版编者注

性;倘若没有这种强度和多样性,轻松将变为软弱,统一将成为空洞无物。人们将会回答我,除了战争外,还有其他此类手段,在某些事务中受到伤害的危险和——如果我可以用这种表述的话——不同种类的道德的危险。对于这种道德危险,在内阁里坚定的、毫不动摇的政治家和在孤独的陋室里的坦率正直的思想家都可能会遇到。

　　不过,我总不能摆脱这样的观念:正如一切精神的东西都只不过是肉体的东西的一种更为优美的花朵一样,后者的情况亦如此。现在树干上能够开出花朵,树干虽然还活着,但活在过去中。不过,对往昔的怀念总是日益淡然失色,它对之发挥作用的事情的数目在民族里面在不断减少,甚至对民族的作用也在变弱。其他同样充满危险的事务,如航海、矿山建设等,都或多或少难以与那种同战争联系十分紧密的伟大和光荣观念挂钩。实际上,这种观念并非妄想。它是建立在一种有关占压倒优势的权力的观念之上的。人们在更大程度上试图摆脱其各种基本要素,试图忍受它们的强权,而不是战胜它们:

　　——任何一个人
　都不应该
　与神明较量①

拯救并非胜利;命运慈悲赐予的东西,以及只有人的勇气或者人的发明创造才利用的东西,并非是强权的果实或证明。

　　在战争中,每一个人都会想,正义在他那一边,每一个人都想对自己蒙受的侮辱进行报复。然而,自然状态的人也怀着一种哪怕最开化的人也无法否定的感情,更为注重雪洗他的名誉,超出

---

　　①　歌德:《人类之局限》,诗,第11行。——德文版编者注

满足苟活的需要。没有任何人会令我相信，一位阵亡军人的死会
比一位勇敢的普利尼乌斯（Plinius）的死更美，或者也拿受不到足
够尊敬的人物来讲，会比罗齐尔的（du Rozier）罗伯特（Robert）和
皮拉特雷（Pilatre）的死更美。① 不过，这类例子很罕见，谁知道，
没有前者②，他们是否是这样！我也没有为战争选择好有利的
位置。就拿斯巴达人在温泉关为例吧③，我敢问任何一个人，
这样一个例子对一个民族有什么样的作用？也许我知道，恰
恰是这种勇气，恰恰是这种自我克制可能在任何生活环境中
表现出来，而且也确实在生活的每一个环境中表现出来。但
是，如果这个最生动的表达方式也最使感性世界的人心醉神
迷，人们要责怪他吗？这样一种表达方式至少最为普遍地发
挥着作用，对此难道人们能够加以否定？各种弊端比死亡更
为可怖，在我从有关弊端所听到的一切事情中，我还没有看到
过任何一个人，此人既穷奢极欲地享受生活，又能——如果没
有变成妄想者的话——视死如归。

　　然而在古代，这种人最少存在。在古代，人们对事业的珍重
高于名分，对当前的珍重高于未来。因此，我在这里所谈到的军
人，只适用于那些没有受过教育的人，像柏拉图的《理想国》里的
那些人，他们现实地对待事物、生命和死亡④；适用于那些军人，他
们注重最高尚的东西，又把最高尚的东西孤注一掷。所有那些某
种程度上把极端相互结合在一起的环境，是最有趣的和最能教育

① 让·F.P.罗齐尔 29 岁时，1785 年 6 月 15 日试图从波洛涅乘气球到英国时失
事，他的气球着火，他与同伴，物理学家罗曼坠落身亡。"罗伯特可能仅仅是替罗曼犯
错误。"

② "前者"指"荣誉"。——译者

③ 温泉关是古代希腊中部和北部之间唯一的交通要道和战略要地。公元
前 480 年，斯巴达国王列奥尼达在波斯战争中在这里抗击波斯人，保卫着温泉
关。——译者

④ 参阅《理想国》第 3 卷开头，第 386a 节。——德文版编者注（中译本参见《理
想国》，商务印书馆 1996 年版，第 82 页。——译者）

人的环境。但是,在什么地方,会比在战争里更能出现这种情况呢?在战争中,喜好和义务、人和公民的义务似乎处于无尽无休的争斗之中,然而,只要为了出于正义的保卫目的操起了武器,所有这些冲突都能找到最充分的解决。

我仅仅从这个观点出发,认为战争是有益的和必要的。我认为,这种观点就足以表明,在国家里是多么应当对此加以利用啊。必须保障给予国家所促成的精神以自由,使之灌输到民族的所有成员中间去。仅仅这一点就已经对各种常备军队不利了。此外,它们及更为新式的战争,当然似乎统统距对人的教育最有益的理想相去十分遥远。

如果说军人牺牲他们的自由,从根本上讲就似乎必然会变成机器,那么在我们这种进行战争的方式下,他就必然在更高的程度上会变为机器,因为在我们现在的作战中,关键不太在于单一个人的坚强、勇敢和机智。如果各民族相当大的一部分人不仅在和平时期的几年,而且往往是他们的整整一生,仅仅为了可能的战争,就被禁锢于这种机器式的生活里,那不是必然要沉沦毁灭吗?也许对于以下情况,任何地方都没有出现像在这里发生的更真实:随着有关人的行动的理论的形成,理论对于从事这种行动的人的益处都降低了。毋庸否认,在近代的人当中,战争艺术取得了令人难以置信的进步,然而,同样毋庸置疑,军人崇高的性格变得更为罕见了,它的至美仅仅尚存于古代的历史之中,至少——如果人们可能会认为这太夸张——在我们这里,军人的精神对于各民族来说,往往仅仅具有有害的后果,因为我们看到,在古代它常常伴随着很有益的结果。不过,如果我可以这样讲的话,我们的各种常备军队把战争带入到和平的怀抱之中。打仗的勇气只有与最美好的、温和敦睦的美德相结合,打仗的纪律教育只有与最高度的自由感相结合,才是荣耀的。如果把二者分开——通过在和平时期的武装军人进行这种分开是多么有利?——后者就很容易演变为奴役,前者则演变为野蛮和肆无忌惮①。

尽管对常备军队提出这种指责,请允许我提醒记住,除了我当前的观点所要求的之外,我在这里不再进一步论述它们。我绝没有忽视它们巨大的、无可争辩的益处——这样一来,它们维持局面的均势,没有这种均势,一旦它们犯错误,将会把它们连同地球上的任何有生命之物都势不可挡地卷入毁灭。它们是整体的一个部分,这一部分并非是虚荣的人的理智的计划,而是命运的可靠之手造就的。它们如何干预我们的时代固有的一切其他事物,它们如何与我们的时代一起分享可能奖赏给我们的善与恶的功过是非,是这样一幅绘画必须表现的主题,它画得恰如其分和完美无缺,敢于把我们置于史前时代的一旁。

如果人们可能相信,根据我的看法,国家应该时不时地发动战争,那么,在剖析我的这些理念时,我必然是十分不幸的。我认为,国家给予自由,邻国享有同样的自由。人在任何时代都是人,而且他们永远不会丧失他们原来的热情。战争将会自行产生。如果没有爆发战争,那么,人们至少会肯定,和平既不能通过暴力强加,也不能通过人为地使人瘫痪来实现。于是,对于各民族来说,和平当然是一种更加慈悲的礼物,犹如温和敦睦的耕田人比起血性的军人来,是一幅更加优美的画面。无疑,倘若人们设想一下整个人类在一代又一代地进步,那么,随后的时代应当总是更加和平的时代。但此时的和平是从人的内在的力量产生的,此时,人,而且是自由的人变得能够和睦相处了。一年的欧洲历史证明,我们现在享受着和平的果实,然而并非享受温和敦睦的果实。人的力量始终不懈的追求仿佛无穷无尽地发挥作用,如果它们相遇在一起,要么联合,要么相互斗争。斗争采取什么样的形态,是战争的形态,还是竞争的形态,还是其他种种有着细微差别

---

① "后者"指"打仗的纪律教育","前者"指"打仗的勇气"。——译者

的形态,主要取决于人们的教化程度。

现在,如果我也应该由这个推论得出一条服务于我的最终目的的原则,那么这就是:

国家无论如何不要促进战争,不过,如果不得不要求它进行战争,也同样不要用暴力阻止战争;允许有充分的自由让战争对精神和性格的影响灌输整个民族,国家尤其是不要积极设置所有各种教育民族进行战争的机构,或者如果一些机构设置绝对有必要,则应给予它们方向性的指导,例如公民的武器训练,它们要教给民族的不仅是士兵的勇敢、技能和服从,而是灌输真正的军人精神,或者毋宁说,灌输高尚的公民精神,让他们时刻准备着为祖国而战斗。

第六章　国家对公民内部安全
与教育的关心①

内容提要：　国家对确保公民相互之间安全的关心——达到这个最终目的的手段——旨在改造精神和性格的活动——促进这种安全的手段的可能范围——道德的手段——公共教育——它是有害的，首先是它妨碍教育的多样性——它是无用的，因为在一个享有应得自由的民族里，良好的私人教育是不可或缺的——它的作用太大，因为关心安全不会使彻底移风易俗成为必要——因此它属于国家的作用范围之外

对于国家对公民之间内部安全的关心，我们需要作更加深入和更加详尽的审查。现在 我来谈谈这个问题。因为我感到，仅仅普泛地让国家把维护公民内部安全作为它的义务是不够的，在更大程度上，我认为有必要同时确定国家作用的一些特别的界线，或者如果不能普遍做到的话，至少分析一下其中的诸多原因，并且指出在可能情况下可能借以识别这些界线的特征。一种尚有不足的经验就已经表明，为了达到其最终目的，这种关怀可能或多或少会铺得很广。它可能会满足于重整已经造成的混乱无序

① 第六章［不包括第一段（译文的第一、第二段——译者）］首次发表在《柏林月刊》第 20 期（1792 年 11 月），第 597—606 页。论文的题目为《关于国家的公共教育论述》，同时还指出刊载了第五章和第八章。——德文版编者注

并进行惩罚。它可能会确实试图防范造成这种混乱无序，最后，为了这个最终目的，它可能谋求令公民、他们的性格和他们的精神发生某种服务于这种目的的转变。国家关心的扩展仿佛也可能具有十分不同的程度。国家可能仅仅调查并惩罚各种侵犯公民权利和更直接地侵犯国家权利的行为，或者国家也可能用警惕的眼睛注视着一些其后果仅仅扩及到行为者本人的行为，因为当人们把公民看作一个有义务为国家出力的人时，破坏或削弱这些力量就仿佛窃取了国家财产。在这里，我把一切概括地加以总结，因此，我一般地谈论国家的一切意在促进公共安全的机构设置。同时，我也不言而喻地论述所有那些涉及公民道德的弘扬、哪怕并非处处或者仅仅旨在保障安全的机构设置，因为正如我在上面已经提出的那样，事物本身的本质不允许我对之作确切的区分，而且，一般来说，这些机构设置的目的的确在于首先保障国家的安全和安宁。

　　同时，我将仍然忠于我迄今为止所选择的论证进程。即我首先假设了国家可以发挥的最大的、可能的作用，然后试图逐渐地审查，看看必须从中消除些什么。现在，我只剩下关心安全问题了。但是，论述关心安全的问题，又必须采取相同的方式行事，因此，我将首先按其最大的作用范围来观察这种关心，以便通过逐步的限制，到达我感到是正确的那些原则。如果这种过程也许会被认为太缓慢和太冗长，那么，我乐于承认，一种教条式科学报告恰恰要求有针锋相对的方法。不过，在作一份像当前这种纯粹进行研究的报告时，人们至少肯定无疑，这项研究将涉及研究对象的整个范围，不会忽略任何东西，而且正好按照各项原则实际上彼此出现的顺序阐述它们。

　　尤其是最近以来，人们异常迫切要求防范违法行为和在国家里应用道德的手段。我得承认，每逢我听到这种要求或类似的要求时，我很高兴，在我们这里，这种限制自由的措施应用得越来越少，并且在几乎所有国家里应用这种措施的可能性也就越来越小。人们援引希腊和罗马，但是，倘若更加详尽地了解它们的宪法，很快就会感到，这些对比是多么不合适啊。那些国家是共和制政体，这种机构设置是自由宪法的支柱，自由宪法使公民充满一种激情，这种激情会令人们感到限制私人自由有害的影响不那么有切肤之痛，对性格的刚毅危害性少一些。而且，他们那时也比我们现在享有更大的自由，而他们所牺牲的东西是牺牲给另一种活动即参与政府的活动。在我们大多数为君主政体的国家里，这一切根本不同。古代人想应用的道德手段是国民教育、宗教、习俗律条，这一切在我们这里效果甚微，却危害较大。现在往往认为是立法者的英明作用的东西，大多在当时仅仅是已经成为现实的也许仅仅是摇摆无定的、因此需要法律认可的民俗。费尔古松①已经匠心独运地指出，古代斯巴达人的立法者吕库古斯所安排的各种机构与大多数未开化的民族生活方式相一致，而且因为较高的文化使得民族变得更有教养，所以实际上，这种一致不过是作为那些机构的阴影存在下去。最后，我认为，人类现在终于处在一个文化阶段上，只有通过对个人的教育，人类才能从这个阶段更加向上发展；因此，所有那些妨碍这种教育并把人们越来越挤迫成一团的机构设置，现在比当时更有害。

按照这少数几点看法，如果首先谈谈似乎是最广泛传播的道德手段，那就是公共教育，也就是由国家安排或领导的教育，它至少在很多方面是令人担忧的。根据前面的整个推论，一般而言，一切的一切，至关重要的是最多样化地培养教育人；然而，公共教育即使避免了这种错误，如果它仅仅想局限在雇佣和供养教育人员，也必然总是有利于某一种特定的形式。因此在公共教育中，会出现这一研究的第一部分已经作了充分论述的种种危害，我还

①　亚当·费尔古松（1723—1816 年，苏格兰历史学家和哲学家。——译者）：《平民社会史随感》，1766 年；巴塞尔 1789 年版，第 144 页。

只需要作如下补充：如果每一种限制涉及道德的人，那么，它都会更为有害；如果说有什么东西要求应该对单一的个人发挥作用，它恰好是应该培养单一的个人的教育。毋庸否认，人在国家里按照其地位和环境给予他的形象自主活动，此时，通过——如果我可以这样说的话——由国家指定给他的地位和由他自己选择的地位的争锋，部分地使他改造为另外的样子，部分地是国家本身的宪法不得不修改，从中恰恰产生出健康有益的结果。虽然这种变化一下子几乎难以注意到，但是在所有的国家里，随着民族性格的改变，这些变化是显然可见的。不过，随着公民从孩童时就开始接受公民教育，这些变化至少总是在同样的程度上停止了。

诚然，如果人的境况和公民的境况能尽可能一致，那是好事。然而，这只当公民的境况要求很少有固有的特性，以至于人的自然形象不必做出什么牺牲就得以保持，这时，这两种境况才能保持一致——可以说这是我在这篇研究里大胆阐明的所有理念唯一追求的目标。但是，如果人牺牲给公民，那就根本不再是健康有益的了。因为尽管不协调的种种有害的后果这时不复存在了，但是人也丧失了他通过联合为国家所恰恰努力争取保障的东西。

因此，依我之见，必须处处对人推行最自由的、尽可能少针对公民情况的教育。这时，受过这种教育的人就应当进入国家，国家宪法某种程度上就在他的身上接受检验。只有在这样的一种斗争中，我才能有把握地指望通过民族来真正改善宪法，而且只有在这样一种斗争中，我才不会担心公民的机构设置对人造成有害的影响。因为即使后者①有着种种缺陷，可以设想，恰恰是由于它束缚人的桎梏，人也许获得了抗争毅力，或者尽管存在那束缚人的桎梏，人也许获得了以其原有大小保持下来的毅力。然而，只有当毅力在此之前是在其自由之中发展起来的，这才有可能。

①　指"公民的机构设置"。——译者

因为在那些枷锁从青少年开始就进行压制的地方,还要振作和保持毅力,需要有一种怎样非凡的坚强意志?但是,因为政府的精神总是在公共教育中占据统治地位,任何公共教育都给予人以某一种特定的公民形式。在这样一种形式本身已经确定、虽然片面、自身却也是美的地方,正如我们在古代国家里和也许现在还能在某些共和制国家里所看到的那样,在这种地方,公共教育不仅实行起来比较容易,而且事情本身的危害性较小。

不过,在我们君主制政体的各种宪法里,根本不存在某一种特定的形式——这对教育人来说肯定是相当幸运的。显而易见,虽然也伴随有某些害处,它们也有如下优点:因为国家的结合总是无非被看作是一种手段,它们不必像在共和国里那样,把很多个人的力量应用到这种手段上。只要臣民服从法律,只要他们自己以及同胞能保持富裕和从事一种无害的活动,国家就不去关心他更为详细的生存方式。因此,在这里,公共教育哪怕不为人瞩目,本身就注重考虑公民或臣民,而不像私人教育那样注重人,它本来应不把一种特定的美德或生存方式作为其目的。毋宁说,它仿佛寻求一种所有的人的均势,因为再也没有任何东西会比这更能带来安宁和保持安宁,这些国家最为热衷追求的就是安宁。然而,正如我在其他场合试图表明的那样,这样一种追求或者未能取得进展,或者导致人们缺乏毅力,因为与此相反,通过在不同的境况和结合关系中的生活去推行私人教育所固有的各个方面,会更有把握地实现那种均势,又不必牺牲毅力。

不过,如果人们想完全禁止公共教育对于这种或那种培养教育的正面推动,如果人们保证让它仅仅促进各种力量自己的发展,那么,这本身是行不通的,因为具有统一规章制度的东西总也会导致其作用的某些单调性,于是在这前提下,公共教育的益处是无法预见的。因为如果仅仅意在防止让儿童根本不受教育,那么给漫不经心的父母们设置监护人或者资助贫困的父母们,就会更容易一些,更无害。此外,公共教育甚至也没能实现其事先确定的意图,即国家依照自认为对它自己最为合适的模式进行移风易俗的意图。不管教育的影响多么重要,对整个生活的影响多么深刻入微,但是,人的处境总还是更加重要,它陪伴着人的整整一生。因此,在并非一切都和谐的地方,唯有这种教育自身是无法取得成功的。从根本上讲,教育只应该造就人,不要考虑确定的、给予人们的公民形式,因此,它不需要国家。

在自由的人当中,一切行业都取得更好的进步,一切艺术都开放出更加美丽的花朵,一切科学都拓展着更加广阔的天地。在他们当中,一切家庭的纽带都更加紧密无间,父母更加热心努力去关怀他们的孩子,在更加富裕的情况下,他们更加能够满足孩子们的愿望。在自由人当中,人们奋发向上,在他们的命运取决于其劳动成果的地方,比在他们的命运取决于他们期待由国家促进推动的地方,会培养出更好的教育家。因此,既不会缺乏认真细致的家庭教育,也不缺乏有益和必要的共同的教育机构。①

但是,如果公共教育给人规定某一种指定的形式,那么,人们也许可以这么说,这对于防范对法律的践踏、对于巩固安全等于毫无所为。因为高尚美德和道德败坏并不取决于这样的人还是那样的人,与这一方面还是那一方面的性格也并非有必然联系,而是在考虑到这一方面和那一方面的性格,美德和缺德在更大程度上取决于各种不同性格特点的和谐或者不和谐,是力量同全部喜好的关系等。因此,任何特定的性格教育都固然会过头和蜕变过头。因此,倘若整个民族仅仅优先维持了一种确定的性格教育,就会缺乏任何对立力量,因而缺乏任何均势。也许古代国家宪法经常修改的一个原因就在这里。每一种宪法都曾对民族的

---

① 在秩序井然的社会里,正好相反,一切都要求人们培养他们的天才,倘若无人参与此事,教育将是好的;越是让教师们搞此行业,越是让学生们竞争,教育就会越好(密拉博:《论公共教育》,第11页)。

性格发挥过十分巨大的作用,民族性格受到特定的教育,发生蜕变,并产生一种新的宪法。

最后,如果人们想让公共教育彻底实现它的意图,那么,公共教育作用就太大了。为了维持在一个国家里所必要的安全,移风易俗本身并非是必要的。不过,我考虑把借以支持这种论断的种种理由留待随后论述,因为它们同国家争取对习俗施加影响的全部努力息息相关。在此之前,我还只需谈谈几个具体的、属于这种努力的手段。因此我感到,公共教育应完全处于国家作用范围之外。①

---

① 因此,这或许是一个问题,要了解法国的立法者们除了保护教育的进步外,是否非得负责教育不可;是否最有利于发展人类的"自我"的宪法以及是否最适合把每个人放在其位置上的法律,并非是唯一的教育,人民是否应该期待他们。根据这些,严格的原则似乎要求国民议会只负责教育;目的是把它从可能对它产生坏影响的权力机构或者立法团体中夺过来。

第七章　宗　　教

内容提要：从历史上观察国家利用宗教的方式——国家对宗教的任何干涉都导致有利于某些意见、排斥另一些意见和一定程度上对公民的领导——关于宗教对人的精神和性格影响的一般观察——宗教和道德精神相互之间并非牢不可破地结合在一起。因为：一切宗教的起源都完全是主观的；宗教信仰和根本无宗教信仰同时都能为道德精神带来善的结果；道德的原则完全独立于宗教；整个宗教的作用仅仅建立在人的个人素质之上——因此，仅仅对道德精神产生作用的东西并不是那些所谓的宗教体系的内容，而是内心接受宗教体系的形式——把这些观察应用于目前的这项研究，以及审查国家是否必须利用宗教作为一种作用手段的问题——由国家来推动宗教最多只能产生合法的行为——然而，国家不许满足于这种效果，国家应该让公民守法，不仅仅使他们的行为与法律相一致——这种效果本身是无把握的，甚至是不大可能的，至少通过其他手段比那种手段能更好地达到——而且，那种手段会带来大量的害处，以至单单这些害处就让人根本不能利用那种手段——顺便回答一种在这当中可能会提出的、由于若干大众阶层缺乏文化而产生的异义——最后，从最高的和最普遍的视角出发决定着事情的东西，恰恰是国家根本

无法企及真正对道德精神发挥作用的唯一东西，即根本
不能企及内心接受宗教概念的形式——因此，有关宗教
的一切事情，都处于国家作用的界线之外

　　除了对青年真正的教育外，还有另外一种对民族性格和习俗
发挥作用的手段，通过这种手段，国家仿佛对已经长大了的、变得
成熟了的人进行教育，在他的整整一生伴随着他的行为方式和思
维形式，并企图给行为方式和思维形式规定这种和那种方向，或
者至少想保护它们免于误入这种或那种歧途——这就是宗教。
历史向我们表明，所有的国家都利用过这种手段，虽然它们的意
图十分迥然而异，规模也千差万别。在古代人那里，宗教与国家
宪法最密切地结合在一起，是国家宪法真正的政治支柱或推动
力，因此，这适用于我在前面提到过的关于古代人的类似机构设
置的一切论述。

　　基督教宗教背弃各民族过去的种种分离的神，倡导所有人信
奉一位共同的神。这样一来，它就推倒了把人类的不同部落分离
开来的、最富有危险性的诸多围墙之一，因而为整个真正的人的
美德、人的发展和人的联合奠定了真正基础，否则，启蒙、知识和
科学本身还将长久得多地——如果不是永远的话——依旧是少
数几个人稀罕的财产，国家宪法和宗教之间的纽带也会更松懈。

　　但是后来，蛮族的入侵消灭了启蒙，误解正好给那个宗教灌
输了一种盲目和不宽容的、皈依犹太教的激情，国家的政治形态
同时发生重大变化。人们找不到公民了，只能找到臣仆，而且既
找不到国家的公民，也找不到执政者的公民；这时王公们出于自
己的良知来关心宗教的维护和传播，王公们自认为神自己把关心
宗教维护和传播宗教的责任托付给了他们。

　　在近代，这种偏见变得罕见了。不过有关维护内部安全和社
会良好习俗的观点——作为其最牢固的防卫观点——建议通过

各种法律和机构设置来促进宗教,其迫切性并不逊色。我认为,这大概是各种国家的宗教史上一些主要的时代,虽然我并不想马上否定,上面所列举的任何一种考虑,尤其是最后列举的一种考虑总是一起发挥作用的,当然,其中有一个考虑是最主要的方面。

在努力通过宗教的理念对习俗发挥影响之时,人们必须从根本上把促进某一种特定的宗教同促进宗教信仰区别开来。毋庸争辩,前者比后者更加咄咄逼人和更加有害。不过,总的来说,没有前者,后者也不太有可能。因为如果国家相信,道德精神和宗教信仰牢不可破地联合在一起,认为通过这种手段发挥作用是可能和允许的,那么,尽管不同的宗教观对于真正的道德精神或者依据各种理念形成的道德精神有着不同的适宜性,国家若不优先保护某一种宗教观,厚此薄彼,这几乎是不可能的。即使它完全避免这种情况,自己仿佛扮演着所有宗教的保护者和卫道士,因为它只能根据外在的行为判断,它也必然会压制一些个别的、可能的不同宗教观,以利于这些派别的宗教观;无论如何,当它试图让那种对生活有着深刻影响、对一种神的信仰普遍成为占统治地位的信仰之时,它至少会对一种宗教观特别感兴趣。除此而外,尽管各种表达方式含义模糊,模棱两可,尽管各种理念种类繁多,都经常可以用一个词语来表达,国家本身必须赋予宗教信仰的概念以某种特定的含义,如果它想利用宗教信仰的概念作为一种准绳的话。

因此我认为,一般而言,国家不对宗教事务进行干预是完全可能的,没有一种干预不是要避免或多或少不当地倡导支持某些特定的宗教观,因此也不会让那些由于这样一种倡导支持而产生的反对国家的种种理由发挥作用。同样,我也认为,不可能有一种干预的方式不会至少在某种程度上同时带来一种领导,即同时造成一种对个人自由的妨碍。因为对于处置各种宗教理念,真正进行强制的影响、仅仅提出要求的影响以及最后仅仅比较容易得到机会的影响,当然是十分不同的,但是,不管影响多么不同,在处置各种宗教思想时,总是存在着国家思维方式的某种优势,这种优势限制着自由。

我认为,必须首先提出这几点看法以对付人们对我在随后的研究中可能会产生的以下异议,即有人会认为这项研究并非一般地谈论对倡导宗教的关心,而是仅仅论述各种具体的宗教,而且首先提出这些看法,是为了不至于由于可怕地探讨各种可能的情况而使这篇研究显得支离破碎。

我认为,所有宗教都是建立在心灵的某一种需要之上的——我这里所谈的宗教,仅仅在它涉及社会的良好习俗和幸福快乐、因而转入到了感情意义上,而不是在理智切实认识到或者以为认识某一种宗教真理的意义上,因为认识真理并不受意愿或渴望的任何影响,或者在一种启示证实某种宗教真理的意义上,因为历史上的信仰也不能不受到这种同类影响。

我们抱有希望,我们有担忧,这是因为我们心中有愿望。在尚缺乏任何精神文化痕迹的地方,这种需要也仅仅是感性的。自然状态中的恐惧和希望被想象力变为自主活动之物,构成整个宗教的内涵。在开始有精神文化的地方,这就已经不够了。此时,心灵渴望着直观一种完美,心灵的火星在完美中闪烁,心灵在完美中预感到在自身之外存在一种远为高度的完美。这种直观变为羡慕,如果人设想自己要同那个事物的本质有某种关系,就会变为爱,从爱产生出对变为类似事物的渴望,产生出对与之联合在一起的渴望。在尚处于最低教育阶段的各民族里,也存在着这种情况。因为即使在最野蛮的民族里,人们之所以错误地以为民族的第一批成员出身于各种神,他们又返回到神那里去,其渊源就在于此。只不过在每一个时代和在每一个民族里,都有占统治地位的完美观念,根据这种观念的不同,神的观念也迥然而异。

最古老的希腊人和罗马人的各种神和我们最远古祖先的各种神是身体的力量和强壮的理想化。当感性美的理念产生并被高雅化之时,人们就把拟人化的、感性的美提高到神明的宝座上,这样就产生了宗教,人们可以把它称之为艺术的宗教。当人们由感性提高到纯粹的精神,由美提高到善和真之时,整个知识和道德的完美内涵都是祈祷的对象,宗教就成为哲学的一种财产。如果各种宗教是因为民族或者党派的不同而不同,而不是因为各个人的不同而不同,也许各种不同宗教的价值就都可以根据这种尺度斟酌权衡。不过这样一来,宗教就完全是主观的了,它仅仅建立在每一个人思维方式的固有特性之上。

如果说一种神的理念是真正的精神教育果实,那么,它就会对内在的完美发挥着美和慈善的反作用。如果一切事物都是充分计划意图的造物,那么,我们就感到它们似乎以变化了的形态出现,仿佛它们是一种毫无理智的、偶然的一种作品。智慧、秩序、意图的理念对于我们来说,是我们采取行动、甚至是增进我们知识的力量所必需的,如果我们处处发现它们,它们就会更加牢固地扎根于我们的心灵之中。倘若我们设想在各种事物的前端有一个安排秩序的原因和各种精神实体会无限地持续,那么,最终的东西就会变得无穷,软弱易逝的东西就会变得长久,变化的东西就会变为永恒,错综复杂的东西就会变得简单。如果有一种为了我们而存在的东西,它是整个真理的源泉,是整个完美的内涵,那么,我们对真理的探索,我们对完美的追求,就会更加牢靠和更加有保障。心灵会较少感到逆境厄运,因为信心和希望与它结合在一起。

认为人们所拥有的一切都是从爱的手中接受过来的感觉,同时会增进幸福快乐和美德的善。通过在享受欢乐时所产生的感激,通过在渴望欢乐时所寄予的信赖,心灵超脱自我,脱颖而出,不再总是自行幽闭,孤身只影,对自己的感觉、计划、忧虑和希望冥思苦索。如果它不再抱有把一切都仅仅归功于自己高傲的感觉,它就在享受着在另一种事物的爱中生活的、令人陶醉的感情,即在其中一种自身的完美同那个事物的完美相媾和的感情。心灵会有这样的心情,感到自己就是另外的那种事物,而另外的那种事物也是它;它不想让其他的事物一切都由自身索取,正如它也不从其他的事物中接受任何东西一样。我在这里仅仅触及这篇研究的一些主要因素。在加尔伟①的出色论述之后,再想更加深入研究这个课题,就将是无益和失当的。

　　然而一方面,在道德的完美化方面各种宗教理念一起发挥的作用如此大,在另一方面,它们与之结合在一起的牢固程度又如此少。有关精神完美性的纯粹理念是足够伟大、充实和崇高的,不再需要有另一种丰裕或形态。但是,任何宗教都以一种拟人化为基础,以一种感性化为基础,以一种在程度上或高或低的神的人格化为基础。对于那种不习惯于把一切美德都概括为一种理想并设想自己同这种本质有关系的人来说,那种完美理念也不断地在他的脑海里出现;它将会成为他行动的推动力,成为他整个幸福快乐的材料。他的精神有可能以更高的道德的强度进步,这一经验使他坚信不疑,他将会充满激情,大胆地去争取他为自己确立的目标。一旦他可能会迷惑人的幻想力不再在不存在里还感到不存在,他的存在可能被毁灭的想法将不会吓坏他。他对外在命运的不可改变的依附并不使他感到压抑;他对外在享受和匮乏更加无所谓,漠然视之,他把目光仅仅投到纯粹智慧和道德的事情上,而且,没有任何命运能使某种东西高踞于他的心灵的内在王国之上。由于自我知足,他的精神感到独立自主,由于思想丰富和意识到内在的坚强,他感到自己超脱于各种事物的变化之上。

　　如果他回首往昔,一步一步地寻找,他是如何时而用这种方式时而用那种方式利用每一个事件,他是如何逐步变为现在的样子,如果他看到原因和结果、目的和手段,一切都集于己身一体,

────────────

　　① 参阅克里斯蒂安·加尔伟(1742—1798年,波兰哲学家。——译者):《关于西赛罗义务的作品的见解和论文》,布列斯劳1783年版。——德文版编者注

然后满怀只有最终的本质之物才可能有的、无上的豪情高呼：

> 闪耀着神圣光芒的心啊，
> 难道这一切不都是你自己实现的吗？①

那么，在他身上，所有孤独、无助、缺乏保护、安慰和帮助等种种思想，必然会统统消失得无影无踪，在缺乏有终极的链的一种个人的、安排次序的、合理的原因的地方，人们相信一般会有这些思想。

这种自我感觉，这种在自身和通过自身的存在也使他对其他的人不再是铁石心肠和麻木不仁的自我感觉，使他的心不是对同情的爱和乐于为善的喜好紧闭不开。这种完美理念实际上不仅仅是理智的冷静理念，而且也可以是心的温暖感情，他的全部作用都与这种完美理念联系在一起，正是这种理念把他的生存转入到其他人的生存中去。在其他人的身上存在着同样的、能够变为更加完美的能力，他能够实现或增进这种完美。

只要他还只能个别地观察自己和其他人，只要在他的观念里，不是所有人的精神本质都汇流在一起，集他们身上各个分散存在着的完美于一体，他就尚未完全充满整个道德精神的最崇高理想。也许根据他的观念，他和其他同类人的命运越是仅仅取决于他和他们自己，他同他们的联合还会更诚挚一些，对他们的命运的关注也更为热切。

倘若人们也许不无道理地对这种描绘提出异议，认为为了保持现实性，它要求精神和性格必须异常坚强，而不仅仅是一般地坚强，那么，人们又不得忘记，在宗教感情应该带来一种真正美好的、距离冷酷和妄想同样遥远的存在的地方，这恰恰在同样程度上也是要求如此。倘若我尤其建议应该促成最后所描绘的气氛，

---

① 歌德:《普罗米修斯》，第32行诗。——德文版编者注

这种异议也才是确实合适的。不过,总的来说,我的意图仅仅在于表明,即使人具有最高度的坚定性,道德精神一般也不取决于宗教,或者并非一定会与之联系在一起,而且通过这样做,我在为排除哪怕最小的不宽容阴影和促进尊重做出我自己的贡献——对于人的思维和感觉方式来说,应该让人总是充满这种尊重。

为了更进一步为这种思维形式辩护,我现在也可以在另一方面描绘一下最强烈的宗教情绪所能够造成的有害影响,正如最对立的情绪引起不利的影响一样。仅仅在这种令人不太舒服的画面前停留,就已经令人厌恶的了,这类画面历史已经提供得足够多了。也许粗略地看一看道德精神本身的本质和看一看确切的结合关系,不仅看一看人们的宗教信仰与他们的感觉系统的确切结合关系,而且看一看人的宗教体系与之确切结合关系,这甚至会带来更大的明确性。

于是,不管是道德规定为义务的东西也好,也不管是仿佛批准各种道德律条的东西和赋予它们对意志感兴趣的东西也好,都不依赖于各种宗教理念。我在这里不再举例说明,这样一种依赖性甚至会破坏道德意志的纯洁性。在一项根据经验得出又应用于经验之上的推论里,就像目前这个推论里,人们也许可能会说这项原则不能完全适用。不过,一种行为的一些特性使行为成为义务,这些特性部分产生于人的心灵本质,部分产生于更加进一步地应用于人的相互关系之中。如果说通过宗教感情,人的相互关系也无可否认地在一种十分高的程度上被重视,那么,这既不是唯一的手段,更远不是一种能够应用于所有性格之上的手段。

毋宁说,一般而言,宗教的作用是建立在人们的个人素质状况之上的,它在最严格的意义上是主观的。在冷静的、单纯进行思考的人身上,认识永远不会转变为感觉。对他来说,洞察到各种事物和行为的关系,就足以令他据此决定他的意志,他无须任何宗教的理由,就能进行符合美德的行动,只要根据他的性格有可能是具有美德的,他的行为就会符合道德。

　　与此相反,在感受能力十分强大的地方,在任何思想都很容易变为感情的地方,情况则完全两样。不过在这个地方,细微差别也是极为不同、变换无穷的。倘若心灵有着一种强烈的倾向,由自身转变为另一种心灵,同其他的心灵结伴为伍,在这种地方,宗教理念将会是有效的推动力。与此相反,也有一些性格,在这些性格里,各种理念和感受的一种内在的始终如一性占主导地位,它们具有如此的认识和感觉深度,以至于从中产生出一种坚强和自主,这种坚强和自主既不要求、也不允许把整个存在奉献给一个外来的本质,依赖外来的力量——而宗教影响就是借助这种奉献和依赖来表现的。甚至要求回到宗教理念的环境,根据各种性格的不同也是不同的。对于一种性格,任何一种强烈的激动——快乐或者忧虑——就够了,对于另一种性格,产生于享受的愉快的感激之情就足矣。最后提到的这几种性格也许并非最不值得重视。一方面它们足够坚强,在不幸时不必寻求外来的帮助,另一方面,它们对于被爱的感觉十分敏感,不乐意把一种可爱的给予者的理念与享受的理念联系在一起。

　　渴望宗教理念也往往还有一个更为高尚的、更为纯洁的和——如果我可以这样讲的话——更加智慧的源泉。人在自己周围所看到的东西,他可能仅仅通过他的各种器官的中介就能够理解;在任何地方,都不会直接向他显示各种事物的纯粹本质。正是最剧烈地激发着他的爱的东西,正是最不可抗拒地抓住他的整个内心的东西,被一层最厚实的面纱包裹着。在他的整个一生中,他的活动就是努力争取穿透这层面纱,他的愉悦就是在符号的谜语中感知真理,希望能够出其不意地直观他的生存的其他时期。于是,在精神在奇妙和美丽的和谐中不懈地探索对现实的存在进行未经中介的直观以及内心充满渴望地要求这样做的地方,在概念之贫乏不能满足思维力量的深刻以及感观和幻想的阴影图像不能满足感情的温暖的地方,信仰就势不可挡地追随理智的固有的欲望,让任何概念都直至扩展到铲除一切障碍,直至扩展到理想的地步,而且信仰牢牢地附着于一个本质之上,这个本质囊括着所有其他的本质,它单纯地和没有中介地存在着、直观着和创造着。

不过,在经验的领域之内,一种更为知足的谦虚也常常限制着信仰。感情虽然往往对于理智所固有的理想感到快慰,但发现它被限制在它对之具有敏感性的世界上,在努力争取使感性世界的和非感性世界的本质更加密切地交织在一起,在努力争取赋予符号以一种更加丰富的意义和赋予真理以一种更加易于理解的、能够孕育更多理念的符号时,找到一种更加令人欣喜的刺激。人往往会由于总是陪伴着他的、认为他的追求会成功的意识,而补偿他缺乏那种怀抱期望的如醉如痴的热情,因为他不能把目光投向无限遥远的地方。但是,他的不甚大胆的行为更有把握些;他坚持的理智的概念尽管并不丰富多彩,却更加清楚一些;感性的直观虽然不太忠于真理,但是对他更加适宜,适于与经验相结合。

总的来说,在不计其数的、多种多样的、也许甚至是相互争斗的个人之中,有一种充满智慧的秩序,人的精神对任何别的东西,都不会像对这种秩序那么心甘情愿地和那么与他的感情完全和谐一致地赞赏备至。不过,这种赞赏在相当高的程度上还是有些人所固有的,因此,他们尤其乐于采取这样一种思维方式,认为有一种本质创造了世界,安排世界的秩序,并用智慧关怀和维持着世界。不过,另一些人感到仿佛个人的力量更加神圣一些,个人的力量比规章制度的普遍性对另外这些人更有吸引力。因此,如果我可以这样说的话,一条反向的道路更加经常和更加自然地展现在他们面前,在这条道路上,个人的本质在人的自身里得到发展,并且通过影响相互进行修正,各种个人本身的本质相互协调,达到和谐,而且人的精神和心只能停留在这种和谐里。

我绝不敢用这里的少数描述就妄称已经穷尽了这个题材的

多姿多彩,任何分类都违背材料的丰富性。我只不过想借助这些论述,如同举例一样地表明,真正的宗教信仰犹如任何真正的宗教体系一样,在最高的意义上产生于人的感觉方式的最内在的相互联系之中。于是,存在于宗教理念里的纯粹知识的东西,即意图、秩序、目的适当性、完美等的概念,独立于感觉和性格的不同。不过,首先在这里既不是谈论这些概念本身,也不是谈论它们对人的影响,毋庸争辩,后者绝不能保持一种同样的独立性;其次,这些概念也不是唯独宗教所固有的。完美的理念首先产生于生机勃勃的大自然,然后移用到毫无生机的自然物上,最后逐渐摆脱一切限制,达到普遍的完美。但是现在,生机勃勃的自然和毫无生机的自然依然故我,没有变化,难道不可能走出最初的几步和在最后一步之前止步不动吗?如果说整个宗教信仰完全是建立在性格,尤其是感情的多姿多彩的变化形式之上的,那么,它对社会良好习俗的影响根本不取决于所采用的原理的内容实质,而是取决于接受信念和信仰的形式。

　　我感到这点看法对于随后马上就要作的论述很有补益。我希望,通过前面的论述,我对这一点看法的理由已经阐明得够充分了。不过,我在这里唯一尚需担心的也许是会遇到指责,认为我所说过的一切,只有那些十分得益于大自然和环境的、有意思的、正因如此是罕见的人,才注意到过。不过我希望,结果将会表明,我当然绝对没有忽略更多的一些人,而我感到,本篇研究的对象是人,凡是有人的地方,不从最高的视角出发进行研究,那似乎是卑鄙的。

　　现在,在作了这段对宗教及其在生活中的影响的一般论述之后,我回头来探讨国家是否可以通过宗教来对公民的习俗施加影响的问题。毋庸置疑,立法者应用于帮助道德教育的手段,总是在它们有利于能力和喜好的内在发展的程度上,才是有益的和适当的。因为整个教育的渊源仅仅存在于心灵的内部,通过外在的措施只能促成教育,永远不能产生教育。完全建立在各种理念、感觉和内在的信念之上的宗教是这样的一种手段,这是不可否认的。

我们培养着艺术家,我们让他的眼睛观看艺术杰作,得到锻炼,我们用古代作品的优美形象来滋养他的想象力。同样,有德行的人也必须教育培养,通过对高度的道德的完美的直观,通过在生活里的交往,通过有的放矢地学习历史,最后,通过对在神明的形象里的最高度的、理想的完美的直观来培养他。但是,正如我认为在前面已经指出的那样,最后的这种观点并不适合于任何一只眼睛,或者用不太形象的话讲,这种想象的方式并不适合于任何类型的性格。但是,即使这种观点适合于任何一只眼睛,也只有当它产生于所有理念和感觉的相互关系的时候,在自动地产生于心灵的内部、而不是由外部置入心灵之内时,它才能发挥作用。

因此,清楚了解各种宗教理念的障碍和促进发挥自由的研究精神,是立法者可以利用的唯一手段;倘若他更向前迈出一步,倘若他企图直接倡导或领导宗教信仰,或者倘若他甚至保护某些特定的理念,倘若他不是要求有真正的信念,而是要求有信仰权威,那么,他就是在妨碍精神的奋发向上,妨碍心灵力量的发展,他也许通过获得想象力,通过一时的感情冲动,产生他的公民的行为合法性,但永远不能产生真正的美德。因为真正的美德并不取决于任何宗教,并且与受命接受和信仰权威的宗教水火不相容。

然而,即使某些宗教原则仅仅产生一些合法的行为,难道这还不足以使国家有权利,哪怕牺牲普遍的思想自由,把它们加以传播吗?如果国家的法律得到严格遵守,国家的意图就实现了,而如果立法者制订英明的法律,并且善于让其公民们遵守法律,他就已经履行了他的义务。

此外,前面提出的那个美德的概念仅仅适用于一个国家中的少数几个阶级,他们外在的地位使他们能够把其很大的一部分时间和精力用于他们内在的教育。国家的关心必须扩大到更多的阶级上,而更多的阶级不能够全部达到道德精神的那种较高的程度。

　　在这里，我不再提及我在这篇论文开头试图阐明的那些原理，它们实际上已经推翻了提出这些异议的理由。这些原理就是，国家机构设置本身并非目的，而仅仅是培养教育人的手段；因此，立法者如果仅仅赋予他的各种宣告以权威，而如果实现这种权威的手段并不同时是好的或者无害的，这对于立法者来说是不够的。但是，倘若国家仅仅感到公民的行为和行为的合法性是重要的，这种观点也是不正确的。一个国家是一台组装在一起的错综复杂的机器，因此仅仅有一些法律是不够的，法律必须仅仅是简单的、普遍的和数量很少的。大多数事情仍然总是要让公民自愿地、一致地付诸努力。人们只要把开化的和受过启蒙的各民族的富裕同野蛮的和未受过教育的各族人民的匮乏贫困作比较，就会对这条原理深信不疑。

　　因此，所有那些曾经研究过各种国家机构设置的人，也曾总是努力谋求把国家的繁荣变为公民自己的利益，并把国家变为一台机器，机器要通过公民推动的内在力量才能保持运转，不断地需要新的外在推动。如果说近代国家可以夸耀它们比古代的国家有某一种优点的话，那首先是因为它们更多地实现了这项原则。甚至它们利用宗教作为一种教育手段，也是这方面的一种证明。然而，即使是宗教，只要通过某些特定的原理只产生一些善良的行为，或者通过积极的领导确实能对习俗发挥作用，如同这里所谈的情况一样，那么，宗教也是一种外来的、由外部发挥作用的手段。因此，立法者的最后目标仍然总是增进公民的教育，使他们仅仅从有关国家机构提供给他们去实现他们个人的各种意图的益处的理念中找到他们的动力。不过，正如对人的真正认识很快就会教育立法者一样，这个目标只能通过保障最高度的自由才能实现。但是，为了达到这种认识，必须进行启蒙和高等的精神教育，在自由研究精神受到各种法律限制的地方，启蒙和高度的精神教育就不能兴起。

有人坚信，没有某些特定的、被人相信的宗教原则，或者至少没有国家对公民的宗教的监督，外在的安宁和社会的良好习俗也不能存在，没有它们，公民的权力就不可能保持法律的威望。但是，如果人们只是坚持这种观点，这就会使人们不去听信前面的那些观察。然而，对于通过这种方式接受的宗教原则所应有的影响，以及从根本上讲任何通过国家的措施所倡导的宗教信仰应有的影响，现在也许需要作更严格的和更仔细的审查。

在人民的那一部分比较粗野的人当中，对于一切宗教真理，人们最注重于有关未来得到奖赏和遭受惩罚的各种理念。这些理念并未减少进行伤风败俗行为的癖好，也未推动行善的倾向，也就是说，并未改善性格，它们仅仅对想象力发挥作用，因此，犹如幻想的各种场景一样，对行为的方式有影响，然而，它们的影响也会由于一切能够削弱想象力的生动性的东西而减少和被抵消。

倘若人们还要考虑到，这些期望十分遥远，从而，即使根据最坚定的信徒的观念，它们也是如此无把握，所以，以至于往后的反悔、未来的改恶从善、所指望的宽恕，这些被某些宗教概念大加倡导的理念又使它们丧失一大部分作用，那么，无法理解的是，这些理念怎么会比公民的惩罚的观念发挥更多的作用呢！如果人们从孩童抓起，就让公民了解符合社会习俗的行为和伤风败俗的行为具有这样和那样的后果，那么，对公民的惩罚就近在咫尺，如果警察机构运作良好，惩罚必定无疑，既不能由于反悔，也不能由于随后的改邪归正而免受惩罚，宗教理念的作用怎么会更大呢！

诚然，毋庸否定，不太清楚的宗教概念在一大部分人民当中也以一种更高尚的方式发挥着作用。有人想成为一种最智慧和完美之物的关怀对象，这种思想给予他们更多的尊严，一种无穷持久的信心引导他们达到更高的视角，带给他们的行为以更多的意图和计划，对神的爱意的感觉给予他们的心灵一种类似的情绪。总而言之，宗教给他们注入感知美德之美的意识。不过，在宗教应该具有这些作用的地方,它必须业已完全转入到各种理念和感觉的相互联系之中去,而如果自由研究精神受到阻碍,如果一切都归结为信仰的话,这种情况并非轻而易举就能实现。在那里,必须已经存在着感知更好的感情的意识;在那里,宗教毋宁说产生于一种仅仅是尚未发育的、对良好社会习俗的偏好,它只不过是后来又对这种偏好产生反作用。

　　总而言之,将不会有任何人彻底否定宗教对社会良好习俗的影响。历来问题都仅仅是:这种影响是否取决于若干特定的宗教原则? 进而是:这种影响是如此强烈,以致道德精神和宗教因而牢不可破地相互结合在一起? 我认为,这两个问题都必须予以否定的回答。美德与人的原始的喜好十分一致,爱的、和睦相处的、公正的感情具有某些甜蜜的性质,无私行为的、为他人牺牲的感情具有某些崇高的性质,从中产生的家庭生活和社会生活中的关系是令人幸福的。因此,我们更加不必去寻觅促成美德行为的新的推动力,只需让那些早就自动蕴藏于心灵之中的动力更加自由地和更加畅行无阻地发挥作用就足矣。

　　然而,如果人们也想再向前迈进一步,如果人们想增加一些新的促进手段,那么就要切忌片面性,永远不要忘记,要权衡它们的利弊得失。不过,正如业已经常反复说明的那样,限制思想自由的危害会是多么强烈地倍增着,这也许无须再作广泛的辩论了。同样,关于国家对宗教信仰的任何积极倡导所引起的害处,我认为必须阐明的一切,都已经包含在这篇文章的开头里了。倘若这种危害仅仅扩及这些研究的各种结果,那么,它也许仅仅会使我们的科学认识不充分或不正确,如果人们想与从中所期望的(也允许从中期望吗?)对性格的益处进行权衡,那么也许会有某些虚假的现象。唯有如此,害处就要大得多。

　　自由研究的益处不仅扩及我们的整个思维方式,而且也扩展到我们的整个行为方式。一个人如果习惯于不顾外在环境对自己和对他人的影响,对真理和谬误做出自己的判断,并习惯于听取他人的判断,那么在他身上,行为的一切原则就会更加深思熟虑,更加始终如一,取自于更高的视角,比在那种在其研究里要不断地遵循不在其研究之内的环境条件牵着鼻子走的人身上,行为的一切原则都更深思熟虑,更坚定不移,出自于更高的视角。研究和从研究中产生的信念是自主的活动;信仰则是信赖外来的力量,信赖外来的知识的或道德的完美。因此,在从事研究的思想家的身上,产生出更多的独立自主、更多的坚定性,在信赖他人的信徒身上,产生出更多的怯弱、更大程度的无所作为。

的确,如果信仰完全占统治地位,并窒息任何怀疑,信仰甚至会产生一种更加不可战胜的勇气,更加坚韧不拔的顽强精神;所有狂热者的历史都告诉这一点。不过,只有在关键是要取得某种外在的、仅仅需要机器式作用的特定成果的地方,这种顽强才是可取的——也就是说不是在人们期待能自己作决定的地方,不是在期待着有深思熟虑的、出于各种合理的理由之上的行为或者甚至期待着内在完美的地方,因为这种顽强仅仅是建立在压抑理性的一切固有活动之上的。

疑惑只会使信仰者遭受折磨,疑惑永远不会让仅仅遵循自己的研究的人感到痛苦,因为总的来讲,结果对于后者永远比不上对于前者那么重要。后者在研究活动的过程中,意识到他的心灵的坚强。他感觉到,他的真正完美、他的幸福快乐本来就是建立在这种坚强之上的。对于他迄今为止认为是真理的那些原理的怀疑,不会令他感到抑郁,他的思维能力已经多有所获,看到此前一直被蒙蔽起来的谬误,他会为此感到高兴的。

与此相反,信仰者只能对结果感兴趣,因为对他来说,在已经被认识的真理里,不再有任何别的东西了。他的理智所激起的种种怀疑在折磨着他,因为不像在独立思考的头脑里那样,对他来说,这些疑惑不是达到认识真理的新的手段,它们仅仅夺去它原有的确信无疑,却没有给它指出一种去按照别的办法重新认识真理的手段。

进一步进行这种观察,就会得出这样的看法:赋予各种具体的结果以十分重大的意义,相信或者有很多其他的真理,或者有很多外在的或内在的有益结果会取决于它们,这样做根本不好。这样一来,在研究中就很容易产生静止不前的局面,因此,有时最自由和最开明的一些论断恰恰反对这种理由,而没有这种理由,它们自己本来就不能产生。精神自由有多么重要,对这种自由的任何限制就有多大的危害。

另一方面,国家并不缺乏维护和防止犯罪的手段。只要有可能,人们就应该堵塞在国家机构本身里面存在的伤风败俗行为的源泉,就应该强化警察对已经犯下的罪行的监督,就应该采取适当的办法进行惩罚,这样,人们就不会贻误自己的目的。难道人们忘记,精神自由本身以及只有在精神自由的荫护下才繁荣起来的启蒙,不是一切促进安全的手段中最有效的手段吗?如果说其余的一切手段都在于防止罪行的发生,那么,精神自由和启蒙则对内心喜好和思想意识发挥作用;如果说其余的一切手段只能产生外在行为的一致性,那么,精神自由和启蒙却创造着意志和愿望的内在和谐。但是,人们何时才能终于不再更高地重视各种行为的各种外在的后果,而是更高地重视它们所渊源的内在的、精神的环境呢?立法对卢梭来说就是教育,主张立法的人何时才能奋起反抗,把观点从外在的、有形的效果上撤回到人的内在的培养教育上呢?

请不要认为,那种精神自由和启蒙仅仅是为人民当中的少数几个人的,对于人民当中的更大的一部分是无用的,甚至是有害的。不要认为,多数人的勤劳当然会被关心生活的物质需要所消耗殆尽,人们只能通过传播某些特定的原理,通过限制思想自由,对他们施加影响。在宣告某一个人没有做人的权利的思想里,本

身已经蕴藏着某些贬低人性的东西。没有任何人处于一个那么
低的文化阶段上，以至于他不能达到一个更高的文化阶段；倘若
更加开明的宗教和哲学的理念也不能直接地转入到公民的一大
部分人当中去，倘若人们为了贴近这一大部分人的思想，不得不
让真理换上一种不同于人们一般选择的衣装，再向他们讲述，倘
若人们不得不更多地与他们的想象力和与他们的心、而不是与他
们的冷静的理智对话沟通，那么，整个科学的认识由于自由和启
蒙而获得的拓展也会扩大到他们的身上，自由的、不受限制的研
究的良好效果也会扩展到整个民族的精神和性格上去，直至扩展
到各个人的最微不足道的精神和性格上去。

　　这个推论绝大多数仅仅涉及国家致力于传播某些宗教原则的
情况，为了给它以更大的普遍性，我还不得不提醒注意我已经在前
面阐明的论断：宗教对于社会习俗的整个影响更多地——如果不是
唯一的话——取决于形式，在人心里的宗教，可以说存在于形式里，
而不取决于宗教使他感到神圣的那些原理的内容。然而，正如我在
前面同样试图表明的那样，国家的任何措施都或多或少地对这种内
容产生影响，因为通往那种形式的入口通道——如果允许我利用这
种表达方式的话——对国家是欲进无门、彻底封闭的。

　　宗教如何在一个人的身上自动产生，他如何接受宗教，这完
全取决于他的整个行为方式、生存方式、思维方式和感觉方式。
即使现在假定，国家能够以一种对它的意图来说比较方便的方式
来改造人的行为方式——这样做不可能，这一点也许是无法否定
的——那么，我在这里还必须重复一切理由，来为我在前面所做
的整个论述中提出的各种论断辩护，那我将是很不幸的。我的所
有理由处处都禁止国家忽视人的个人目的、专横地利用人来实现
它自己的企图。我业已尝试着阐明，道德精神并不取决于宗教，
这种独立性表明，这里也不会出现（国家利用人来达到自己的意
图的）绝对的必要性，哪怕也许仅仅是为某一种例外辩解的绝对

必要性。下面提出的一些理由还会更加令人豁然开朗,我想很快通过它们提出,在一个国家里,维护内部安全绝对不需要给习俗确立一个自己的、特定的方向。

但是,如果说在公民的心灵里有某些东西能够为宗教提供一片沃土的话,如果说有些东西能让被牢牢接受的和已经转变为思想以及感觉系统的宗教,以造福于人的方式对社会的良好习俗产生反作用的话,那就是自由。但是,自由总是会由于国家的正面关心而受到损害,不管多少,都会受到损害。因为人的培养教育越是多姿多彩,越是富有特性,他的情感越是高涨,他的目光就越是会从他周围狭窄的、变换无定的圈子投向一个目标,该目标的无限性和统一性包含着产生那些限制和那种变换的原因,于是他就可能以为找到或者没有找到这样一种本质东西。此外,人越是自由,他本身就越是独立自主,越是会善意对待他人。不过此时,除了善意的爱外,没有任何东西能像善意的爱那样引导人们奔向神明;没有任何东西能像独立自主那样使社会习俗里缺乏神而不因此造成危害,独立自主就在于自身满足并且限于自身的力量。最后,在人身上的力量感越是高涨,力量的任何表现越不受阻碍,他就越会乐意去寻找一种能够指引和领导他的内在纽带,于是,他仍然喜欢良好的社会习俗,他会感到这条纽带可能是对神明的敬畏和爱,或者可能是对自己自尊心的奖赏。

因此,我感到区别在于:在宗教事务上完全自主处置的公民,或者将依照他个人的性格,把宗教感情编织到其内心中去,或者不会这样做;但是无论如何,他的理念体系将更加坚定不移、始终如一,他的感觉将更加深刻,在其本质里将会有更多的统一性,这样,他将更加尊重社会良好习俗和顺从法律。与此相反,受到某些规章制度限制的公民或者将——尽管存在这些规章制度——同样地接受不同的宗教理念,或者不会这样做;不过无论如何,他的理念的坚定性就较少,感情的诚挚程度就较低,本质的统一性就较低。这样,他将会较少尊重社会的良好习俗,而且往往想逃避法律。

也就是说,我认为,不必补充其他理由,就可以提出本身并非新的原则:一切涉及宗教的事务都处于国家发挥作用的界线之外,如同整个宗教仪式一样,传道是教区里一种被允许的机构设置,无须国家的任何特别的监督。

第八章　改良社会习俗①

　　内容提要：改良社会习俗的可能的手段——社会习俗的改良工作可以主要压缩在限制感官世界的享受方面——关于感官世界对人的影响的一般观察——感性感觉的影响，感性的感觉自身和仅仅作为感官感觉来观察——按其固有的不同的本质，尤其是发挥强大作用的感官感觉和其余的感官感觉影响的不同，观察这种影响的不同——通过美和高尚之物使感性之物与非感性之物相结合——感性对于人的科学研究的力量、智慧的力量的影响——感性对于人的创造性、道德力量的影响——感性的缺点和危险——把这种观察应用于当前的研究，以及考察国家是否可以试图从正面对习俗发挥作用的问题——任何这类尝试只能对外在的行为发挥作用——它会带来形形色色的和重要的不利后果——甚至与它背道而驰的伤风败俗本身也不乏种种有益的结果——伤风败俗至少使一种旨在移风易俗的手段成为不必要——因此，这样一种手段在国家作用的范围界线之外——从这一章和前两章得出的最高原则

---

① 第八章首次刊载于《柏林月刊》第20卷（1792年11月），第416—444页。论文题目为《关于通过国家机构改善社会习俗——一部未发表的作品的第二个片断》，同时指出将刊登第五章。——德文版编者注

为实现移风易俗以适应促进安全的最终目的,各国一般采取的最后手段是颁布各种法律和法规。然而,因为这是一条不能直接促进良好习俗和高尚美德的途径,因此这类机构设置不得不局限在禁止或界定公民的一些行为,公民的这类行为本身虽然不损害他人的权利,但是部分是伤风败俗的,部分是容易导致伤风败俗的。首先,一切限制豪华奢侈的法律属于这类措施。对感官享受的追求在心灵里占有过于强大的优势,或者说,爱好和渴望同外部环境所提供的满足这些爱好和渴望的力量不相称,无疑是引发伤风败俗、甚至违法行为的一个如此广泛和经常的渊薮。如果说,节制和适中会使人们对为他们规划的生活圈子更易于知足些,那么,他们不大会试图依赖某一种侮辱他人权利或者至少是破坏他们自己的满足和幸福的方式。因为精神感情占优势的东西总是能处处相互和谐地存在,所以人们之间的一切冲突原来都渊源于感官的享受。因此,对于国家的真正的最终目的来说,把感官的享受局限在应有的范围内似乎是适当的,而且因为这似乎是最轻而易举的手段,尽可能抑制感官享受似乎也是适当的。倘若我依然忠于迄今为止所捍卫的原则,总是首先根据人的真正利益来审视可许可国家利用的手段,那就会有必要更多地研究感官的享受对生活的影响,对人的教育、活动和幸福感的影响,只要这有益于当前的终极目的——这种研究企图确实从其内心角度描绘工作的和享受的人,同时更加直观地展现限制和自由对人是多么有害或者多么造福于人。只有这样做了之后,才许可最为普遍地判断国家对公民习俗积极影响的权限,从而结束有关如何解决前述问题的这一部分论述。

感官的感觉、喜好、渴望和热情,首先表现在人身上最激烈的表现活动里。在文化尚未使它们变得文雅或者给心灵的能量指出另一个方向之前,在它们沉默的地方,整个力量也都消亡了,而且善的和伟大的东西永远不能发扬光大。正是它们仿佛至少首先给心灵注入一种令人生机盎然的温暖,首先刺激人们从事某一种自己的活动。它们把生命和奋斗力量带入到活动里；它们毫不知足地进行活动，令人富有发明精神地提出各种计划，并且勇敢地去实施；它们心满意足地促进一种轻松的、畅行无阻的思想游戏。总之，它们以更大的规模和更多样的方式调动起一切观念，指出新的观点，引导人们去注意一些新的、此前一直未被注意的方方面面；除此而外，犹如满足它们的不同方式对于身体和组织产生反作用，而身体和组织又以一种我们当然只能在结果上看见的方式对心灵产生反作用。不过，在作用的强度和方式上，它们的影响是不同的。这部分取决于它们的强大或者软弱，然而部分也取决于——如果我们可以这样表达的话——它们与非感性事物的亲缘关系，取决于把它们从动物的享受提升到人的欢乐的高度的难易程度。

　　因此，眼睛赋予人感觉的物质以形态的、对于我们来说是如此富于享受和思想的形式，耳朵则赋予人感觉的物质以声音的相对时序形式。关于这些感觉的不同性质和它们的作用方式，也许有很多美好的东西和有些新的东西可谈，但是，这里根本不是谈论它们的恰当地方。只能提出一点关于它们对于心灵教育的不同益处的说明。如果我可以这样说的话，眼睛为理智提供一种毋宁说是准备好了的材料。人的内心对于我们来说，仿佛是以他的形态和其他形态总是在我们的幻想里涉及他的一些事物的形态而确定的，并且在一种单一的状态之中是确定的。如果我们把耳朵纯粹作为感觉来观察，而且只要它没有接受话语，它提供的确定性就小得多。因此，康德也使各种造型艺术优先于音乐。不过他正确地指出，这也是以作为衡量标准的文化为前提的，文化为心情谋求到各种艺术文化①，我想补充说，艺术为心情直接地谋求到文化。因此，问题是，这是否是正确的衡量标准。

---

　　①　见《判断力批判》(它是康德在美学领域里的认识论批判研究，写于1790年。——译者)，雷克拉姆斯出版社，UB丛书第1026[7]号，第271页。——德文版编者注

依鄙人之见,毅力是人的第一个,而且是唯一的美德。能够增强他的毅力的东西,比起仅仅把用以促进毅力的材料拱手给他的东西更有价值。然而,正如人一下子只能感觉到一件物一样,只能同时向他展示一件物的东西,也最能发挥作用;而正如在一系列的感觉中,任何一个感觉都有一种由一切此前的感觉对之发挥作用的并且作用于一切随后的感觉的度一样,在这个度里,各种单一的组成部分处于一种类似的比例关系之中。不过,这一切对音乐是如此。此外,只有音乐才固有这种时间顺序;只有这种时间顺序在音乐里是确定的。它所表现的音阶必然很少会成为一种特定的感觉。犹如一个题目,人们可以在这个题目下配上无穷多的文章。因此,只要听众按其类型仿佛完全处于一种相似的心绪之中,切实把听众的心灵配入音乐的东西,就完全自由地、不受拘束地源自音乐的所有的丰富多彩,而音乐毋庸争辩地更加温暖地拥抱着它,比给予音乐的更温暖,被接受往往比被感觉更加令人全神贯注。音乐的其他特点和优点,例如它比绘画、雕塑和文学创作远为贴近自然,因为它诱发的声音来自自然的对象,我在这里略去不论,因为我感到真正去考察它及其性质并不重要,而是我仅仅用它作为一个例子,借助它来更清楚地阐明各种感官感觉的不同性质。

刚刚描绘的发挥作用的方式并非仅仅是音乐所固有的。康德恰恰指出,对于不断变换着的颜色混合体,这种作用方式也是可能的[1],对于我们通过感觉感受到的东西,这种作用方式的程度会更高一些。即使在味觉上,它也是明显可见的。在味觉里,也有一种满足感的上升,满足感仿佛渴望一种释放,而在得到释放之后,又以较微弱的振荡逐渐地消失。这在嗅觉上可能最为朦胧不清。

正如在感觉着的人身上,感觉的过程、感觉的程度、感觉的交替上升和下降、感觉的——如果我可以这样表述的话——纯粹的

---

① 见《判断力批判》,第263页。——德文版编者注

和充分的和谐,真正是最有吸引力的,而且比材料本身更有吸引力一样,只要人们忘记,材料的性质首先决定着那个过程的程度,更决定着那个过程的和谐,而且正如感觉着的人——仿佛是春天百花盛开的景象——恰恰是最有趣的景观一样,人仿佛也在一切美的艺术中寻找其感觉景象,胜过寻找任何其他别的东西。因此,绘画具有这个特点,甚至雕塑也具有这个特点。居多·雷尼①的圣母画像的眼睛仿佛不是停留在转瞬即逝的瞬间的局限内②。波格泽③的击剑者紧张的肌肉蓄势待发,预示着他准备出击。文学创作在更大的程度上利用了这个特点。

在这里不想真正谈论美的艺术的等级,然而请允许我作如下补充,以便清楚地阐明我的想法。各种美的艺术都产生一种双重作用,在每一种艺术中,人们总是把这种双重作用结合在一起,但是在每一种艺术中,人们也遇到这种双重作用十分迥然而异的混合;它们直接赋予理念,或者激发感觉,给心灵定音,或者如果这种表达方式不显得造作,它们就更加丰富,更增进了心灵的力量。一种作用愈是借助于另一种作用,它就愈削弱自己的印象。文学创作最大限度和最完美地把两者结合在一起,因此,文学创作一方面是一切美的艺术中最完美的艺术,但另一方面,也是最软弱的艺术。由于它不像绘画和雕塑那样生动地表现创作对象,因此它也不像歌唱和音乐那么深刻地表现感觉。不过,人们当然容易忘记这个缺点,因为文学创作——撇开前面提到的多面性不讲——仿佛最接近内在的、真正的人,即思想,犹如感觉被最轻的面纱包裹起来。

仅仅是为了解释强有力发挥作用的各种感官感觉,我才在这

---

① 居多·雷尼(Guido Reni,1575—1642 年)意大利画家。——译者

② 这里指的是当时杜塞尔多夫画廊里著名的《玛丽亚升天》这幅画,它被无数次复制,广泛传播,当时恰恰受到福斯特尔在其《下莱茵河风景》当中十分赞赏(参阅雷克拉姆斯出版社的 UB 丛书,第 4729[2] 号,第 40 页等)。——德文版编者注

③ 波格泽系意大利罗马贵族世家,以收藏古典名画和艺术品著称,击剑者系公元前 1 世纪希腊雕塑家阿加西阿斯的作品。——译者

里谈论各种艺术。反过来,部分是由于这些感官感觉的过程确实具有最均匀的关系,部分是由于各种组成部分本身犹如物质一样,更加强烈地触动着心灵,它们的作用也是不同的。例如,同样正确和美丽的人的声音比一件死的乐器作用更大一些。然而,永远没有任何东西比自己的、身体的感觉更贴近我们。因此,凡是这种感觉本身也一起发挥影响的地方,作用是最高的。然而,正如物质不成比例的过分强大仿佛压制着柔弱的形式一样,这种情况在这里也常常发生,因此二者之间必须有一种正确的比例。在比例不正确时,通过加强一方的力量或者削弱另一方的力量,才能建立均势。只不过通过削弱来形成均势总是错误的,除非这种强大必须是不自然的,而且是装腔作势的。凡是强大不是这种样子的地方,人们永远限制不了它。最好是让它自灭,而不是让它慢慢消亡。

但是,谈论这些已经足矣。我希望我已经充分地解释了我的理念,虽然我乐于承认在作这项研究时我处境尴尬,因为一方面,对研究对象的兴趣和不可能从其他文章中借鉴必要的结论——因为我不知道哪些文章恰恰以我当前的观点为出发点——诱使我进一步拓宽我的研究;另一方面,观察到这些理念本身不是固有属于这个范畴,而是仅仅作为借鉴的原则属于这个范畴,这就总是把我挤回到应有的限制框框之中。在下文里,我们不能忘记请求同样的谅解。

直至现在,我试图把感性的感觉仅仅作为感官的感觉来谈论——虽然彻底分开永远是不可能的。但是,感性和非感性由一条神秘的纽带连接着,如果说我们的眼睛不灵,无法看到这条纽带,我们的感觉就会感知到它。我们把一切真正渊源于人的本质的、始终如一的、哲学的体系,都归功于看得见和看不见的世界的这种双重性质,归功于与生俱有的、对看不见的世界的渴望和对看得见的世界的仿佛甜蜜的不可或缺性的感觉,正如恰恰从中也产生着最毫无意义的狂热妄想一样。永恒的追求把二者结合起来,使任何一方面都尽可能不要剥夺另一方面,我感到这似乎总是人类智慧的真正目标。这种美学的感觉处处都明显可见,借助这种感觉我们才感到,感性就是精神东西的外壳和精神东西就是感性世界的生动活泼的原则。永远钻研大自然的这种相面术造就着真正的人。因为同在感性的东西之中非感性东西的表现相比,同在大自然和艺术的一切作品中崇高、纯朴、美的东西的表现相比,再也没有什么东西能对整个性格发挥更加广泛的作用了。

在这里同时又显示出强有力发挥作用的感官感觉和其他感官的感觉之间的差异。倘若我们整个最人性的努力的最后追求仅仅旨在发现、哺育和创造在我们和其他人身上唯一真正存在的、虽然在其原始形态上是永远看不见的东西,倘若这只是这种东西,对它的感知会使它的任何象征对我们都是宝贵和神圣的,那么我们就更走近它一步了,如果我们看一看它永远生机勃勃、充满力量的形象的话。我们在用困难的和往往无法理解的语言同它谈话,但也常常是用最有把握感知真理的出人意料的语言,因为形态——如果我可以这样说的话,又是那种充满力量的形象——又进一步远离真理了。

在这片土地上,即使不仅仅在这片土地上,美的东西在欣欣向荣地开放,崇高的东西更是如此,美和崇高的东西又仿佛进一步把人带近神明。对一个对象物的纯粹的、摒弃一切目的的满足感的必要性——不用对这一对象物指定概念——仿佛证明他渊源于看不见的东西,因而也证明他与这个看不见的东西的亲和性;他那对过分庞大的对象物不适当的感觉,以最富人性的、神性的方式,把无穷的伟大与忘我的谦恭结合在一起。没有美,人就会缺乏对各种物本身的爱;没有崇高,人就会缺乏顺从,顺从鄙夷任何褒扬,而且不知卑微的畏惧为何物。研究美,就可满足鉴赏口味,研究崇高——如果对此也存在一种研究,而且并非感觉和崇高的表现不仅仅是天才的果实——就能实现经过正确权衡的伟大。鉴赏力永远必须是伟大的基础,因为只有伟大需要适度,只有强大需要自制。但是,唯有鉴赏力把充分协调之物的所有声音结合为一种动人的和谐。它把某种适度的、节制的东西、面向一个点的东西带进我们所有哪怕是纯粹精神的感觉和喜好里。倘若缺乏它,那么感官的欲望就是粗俗的和未被驯服的,科学研究本身也许具有敏锐洞察力和深奥的思想,然而却缺乏雅致,并不光彩夺目,在应用中也不结果实。总而言之,没有鉴赏力,精神的深邃和知识的宝藏都是死的,徒劳无益的,没有它,道德意志本身的高贵和强大都是粗陋的,没有令人温暖的造福力量。

　　人的一切活动都围绕着研究和创作转,至少与它们有关系,哪怕间接地或直接地同它们有关系。研究如果应该达到探讨各种事物的原因或者达到理智的极限,除了精神的深邃以外,它还都是精神财富的丰富多彩和精神的内在热情,以及以联合在一起的各种人的力量的努力为前提。也许只有纯分析的哲学家能够通过不仅是平静的而且也是冷淡的理智的简单运作达到他的最终目的。仅仅为了发现连接各种综合原理的纽带,就需要真正的深邃精神和一种善于使它的所有力量都获得同样强劲的精神。因此,康德的——也许人们可以说真话——从来未被超越过的深奥,正如现在那样,在狂热妄想的道德和美学里还往往被怪罪①,而且——如果允许我承认——如果说我自己也感觉有一些、但很罕见的地方(我在这里引用在《判断力批判》里彩虹色彩的解释作为一个例子②),似乎也会导致我去作这种怪罪,那么我仅仅抱怨我的智力缺乏深邃。

----

　　①　参阅尼古拉(F. Nicolai,1733—1811 年)及其朋友们的普通图书的哲学评论,标题是《关于康德先生的道德改革》,法兰克福和莱比锡 1786 年版,以及其他作品。——德文版编者注

　　②　"比如,百合花的白色似乎给人以纯洁无过的思想的情绪,七种颜色从红色开始直至玫瑰色,依次是:1.趋向于崇高的思想;2.勇敢;3.正直;4.和善;5.谦逊;6.坚定;7.温柔。"见《批判力批判》,第 227 页等。——德文版编者注

　　倘若我能更进一步去探讨这些理念,我将会遇到肯定是极端困难的、然而也同样有趣的研究:形而上学家和诗人的精神教育之间究竟有什么差别呢? 而倘若一种彻底的、反复的审查也许又没有推翻我迄今为止对此思考的结果,那么,我将把差别仅仅限制在以下这一点上:哲学家的研究仅仅凭感知,与此相反,诗人的写作则凭激情,但是除此而外,二者都需要同样程度的精神力量和对精神力量的培养。不过,这会使我离题太远,大大偏离我当前的最终目的,我本人希望,通过前面已经列举的少数 几个 理由就足以证明,即使为了培养最冷静的思想家,感官的享受和对想象的享受也往往必然是拿灵魂作赌注。然而,如果我们甚至从超验的研究转入心理学的研究,那么,人会如同人所表现的那样,会成为我们的研究对象,我们将如何不去最深刻地研究和最真实地和最生动地描绘形象丰富的人类呢? 甚至这些形象中的极少数对于人类自己的感觉本身都是陌生的。

　　因此,如果受过教育培养的人进入现实生活,如果使他自身接受的东西在自身之内和之外成为新的创造,硕果累累,他就表现出他的最高尚的美。形象的自然的规律和精神创作的规律之间的相似,已经使人用一种确实无与伦比的天才的眼光作了观察,并以中肯的论证得到了证实。① 然而,某种更有吸引力的论述本来也许是可能的;如果不去研究无法研究的胚胎形成的规律,倘若更详细地指出精神的创作是身体产生的一朵更为雅致的花朵,心理学本来也许会获得更丰富的教训。为了在道德生活里也首先谈论显得最为冷静的理智的纯粹作品的东西,只有崇高的理念有可能——虽然要通过感觉的媒介——按照人的方式,但由于完全没有注意到幸福或不幸而又按神的无私的方式服从绝对必要的法律。

---

　　① 　参阅 F.冯·达尔贝格《教育与发明》。(《教育与发明》1791 年发表于法兰克福。洪堡了解它可能是通过作者的兄弟、神甫助理达尔贝格。——德文版编者注)

人的力量对道德律条的不适感觉,即认为最坚守美德的人是最会由衷地感觉到法律是如何高悬于他之上而不可企及的深刻意识,会产生一种尊敬之情——即一种感觉,它似乎不再为身体的外壳所包围,为了不让纯洁的光芒刺盲并非永生的眼睛,它是必要的。如果这种道德律条迫使把每一个人都看作自身的一种目的,那么,与它结合在一起的是美感,美感乐意把生命注入任何一个地方,以便在其身上也能享受自己的生存,当美感撇开概念,不局限在概念本身所能包括的少数的,而且只是被切割的和个别的特征之时,就更充分得多和更美得多地接受和包容着人。混杂了的美感似乎打破了道德意志的纯洁。当然,这种混杂可能会是这样的,而且,如果人认为这种感觉本来应该是道德的推动力量,它实际上也是这样的。不过,它应该仅仅为自己承担仿佛为道德法律寻找更丰富多彩的用场的义务,道德规范的更为广泛的应用也许会摆脱冷静的、因此在这里永远是粗俗的理智,并享受着满足人们最甜美感情的权利——人并没有被禁止得到与美德紧密结合的幸福,而是仿佛只能用美德去换取这种幸福。

我愈是就这个课题进行深思,我就愈不会感到我刚刚提到的差别仅仅是微妙的,而且也许是令人醉心的。如果人是多么强烈追求享受,是多么愿意永远地把美德和幸福结合起来思考,哪怕在最不利的情况下,那么他的心灵对于道德规范的伟大是很易于接受的。心灵不能抵御这种伟大借以迫使它行动的暴力,而且只有充满这种感觉,它就已经因此而行动,不考虑享受,因为它永远不会丧失这样一种充分的意识:想象任何的不幸都会迫使它不得采取其他的行为。

然而,心灵当然只能通过一条类似于我在前面已经谈过的途径,只能通过强烈的内心欲望和丰富多彩的外部斗争才能获得这种强大。整个强大——如同物质一样——产生于感性,不管这种强劲离开感性的根基有多么遥远,如果我可以这样说的话,它总是还一直建立在感性的根基之上的。谁若企图不断增强这个根基的力量，并且通过经常的享受使之永葆青春，谁若经常需要使他的性格变得坚强而去捍卫它自己独立于感性世界，谁若致力于把这种独立同最高度的刺激性统一起来，他的正直和深邃的知觉孜孜不倦地探索真理，他的准确和精微的美感又不悄悄放过任何富有刺激性的形象，他的强烈欲望力争要把自身之外感受的东西吸纳到自己身上，并使自己吸纳的东西获得新生，结出硕果，力争把任何美都变成他自己的个性，使他的整个本质与任何的美攀亲结合，产生出新的美来，他就可能助长着令人满足的意识，意识到自己走在正确的道路上，在接近理想，这种意识本身敢于勾画出人类最大胆的想象。

我试图通过这个给本身是政治的研究指出一些相当陌生的、只不过在我所选择的理念的先后顺序中必要的画面，通过整个生活和人的一切活动，感性世界与它的种种有益的结果如何错综复杂地交织在一起的画面。我的意图是以此为感性世界赢得自由和尊重。不过，我不能忘记，感性世界也恰恰是大量有形的和道德弊端的渊源。即使在道德方面，也只有当它同精神力量的使用保持正确关系时，它才是有益的，它很容易让有害的东西占上风，邪胜于正。于是，人的欢乐变为畜生的享受，鉴赏品味在消失或者向着非自然的方向走。然而，对后一种提法，尤其在某些片面的判断方面，还要我不得不指出，不自然的并非必然是正好没有完成自然的这个或那个目的的东西，而是用人来破坏自然的普遍的最终目的的东西。但是，自然的普遍的最终目的是，人的本质向着越来越高的完美得以培养，因此首先是他的思维和感觉的能力要牢不可破地结合在一起，两者的强大程度比例要适当。

不过除此而外，在人如何培养他的力量和如何把其力量投入到活动中的方式之间，以及在他的环境提供给他发挥作用和进行享受的手段之间，可能产生比例不相称，而这种不相称是各种弊端的一

个新的渊源。按照前面阐述的原则,不允许国家用积极的最终目的
对公民的地位施加影响。因此,这种地位没有一种多么确定和强加
的形式,公民更大的自由就已经在减少那种比例的不相称,例如公
民恰恰在这种自由本身中最大限度地从其思维和行为方式中获得
自己的方向。然而,依然一直存在的、也许并非无足轻重的危险促
使人们认为必须通过法律和国家机构设置来对付伤风败俗。

　　不过,倘若这类法律和机构设置也是有效的,那么随着它们
的有效程度的提高,其危害性也随之上升。在一个国家里,通过
这类手段迫使或者促使公民遵守哪怕是最好的法律,这个国家可
能是一个安宁的、热爱和平的、富裕的国家;可是,我总感到,它似
乎是由一堆被豢养的奴隶组成的,而不是自由的、只有在他们逾
越法律界线时才受约束的人的联合体。仅仅强调某些行为和思
想品质,当然有很多途径。然而,所有这一切途径当中没有一条
导致真正的道德完美。去进行某些行动的感官推动,或者放弃它
们的必要性,会让人养成习惯;通过习惯,变成愉悦,愉悦开始时
仅与那些推动相结合,转入行动本身,或者完全扼杀开始时仅仅
因必要性才沉默下来的喜好;这样就引导人从事某些符合美德的
行为,在某种程度上具有符合美德的思想品质。只不过并不因此
而增进他的心灵力量;既非他的关于其使命和价值的各种理念因
此获得更多的启蒙,也非他的意志因此获得更多去战胜占统治地
位的喜好的力量;因此,在真正的、固有的完美方面,他一无所获。
也就是说,谁要想培养教育人,不想使他们效力于外在的目的,他
将永远不会利用这些手段。因为除了强制和领导永远不会产生
美德外,它们还总是削弱力量。但是,没有道德的强大力量和美
德,习俗是什么东西呢?不管伤风败俗弊端的可能有多大,它本
身也不乏有益的结果。由于极端,人们必然会走到智慧和美德的
中间小路上来。极端就像大的、照亮远方的星星,必然发挥广泛
的作用。为了让身体里最细小的血管得到血液,在大的血管里就

必须有大量的血液。在这里,想破坏自然的秩序意味着为防止有形的弊端而造成道德的败坏。

但是依我之见,认为伤风败俗的危险十分巨大和咄咄逼人的想法也是不正确的,我在前面已经作了某些论述来证明这个论断。因此,下述看法将会更为详尽地证明这种论断:

1.人本身倾向于从事行善的行为,而不是更喜欢自利的行为。这甚至表现在未开化的人的历史上。家庭美德具有一些亲切的东西,公民的公德则具有一些伟大和动人心魄的东西,因此,人只要没有堕落,就很少会抗拒这些美德的魅力。

2.自由增强人的力量,而且正如它总是带来越来越强大的力量一样,也总是带来某种自由思想。强迫行为窒息着人的力量,并且导致一切自利的愿望和对软弱玩弄一切阴谋诡计。强迫行为也许阻止着某些违法行为,但是,它本身却剽窃着合法行为的美。自由也许会引发某些违法行为,但是,它本身却给恶习一种更不高尚的形象。

3.放任自流的人更难谈及掌握各种正确的原则,不过它们无可否认地表现在他的行为方式上。被有意引导的人更容易接受它们,但是,它们甚至也偏离他遭到削弱的毅力。

4.所有国家的机构设置由于它们应该把形形色色和异常不同的利益纳入一个统一体中,而引起多种多样的冲突。由冲突产生人们的要求和能力之间的不协调,而由不协调又产生违法行为。因此,如果我可以这样说的话,国家越是清闲无事,违法行为的数目就越小。尤其在现有的案件中,如果有可能准确列举警察机关促成的坏事和防范的坏事,那么,前者的数目总是要大一些。

5.对真正犯下的罪行进行过多少严格的侦察,它们得到多少公正的、也许是量刑适当的、必不可少的惩罚,因而很少不遭惩罚,逍遥法外,对此我们实际上尚未作过充分的研究。

我想我已经充分表明了我的意图,国家的任何努力去迎合或

者优待对某些习俗的放纵——哪怕仅仅是非直接地违反他人的
权利——是多么令人忧心忡忡，我们尤其是能够从中期待会给良
好社会习俗带来多少的有益的结果，为了维持安全而对民族性格
发挥这种影响是多么没有必要。如果人们在这里还指出这篇文
章开头阐明的、不赞同国家任何针对积极目的的作用的理由，它
们在这里更加适用，因为恰恰是道德的人最深刻感受到任何限
制；而且切勿忘记，如果说某一种培养教育最高程度的美要归功
于自由的话，这恰恰是习俗和性格的培养教育，因此，下述原则的
正确性是毋庸置疑的：

　　国家一般必须完全放弃一切直接或间接地对民族的习俗和
性格施加影响的努力，除非这作为它的其他必要处罚措施的一种
自然的、自行产生的结果是不可避免的，那么，一切可能促进这个
意图的东西，尤其是对教育、宗教机构和奢侈法律等等所有特别
的监督，都在国家作用的界限之外。

第九章　对国家安全责任的正面界定

内容提要：国家对安全责任更详细、正面的界定——安全概念的发展——回顾整篇研究的进程——列举尚付阙如的东西——安全概念的界定——定义——必须关照其安全的各种权利——公民个人的各种权利——国家的各种权利——破坏安全的行为——对剩余部分研究的划分

在我结束目前这个研究的最重要和最困难的各个部分之后，现在我正在接近彻底解决所提出的问题，于是有必要回顾一下迄今所阐述的整个情况。首先，我排除了国家对所有那些不是属于公民安全——既包括内部安全也包括外部安全——的事情的细心关照。恰恰是这种安全已经被描绘为国家发挥作用的真正对象，并且终于确定了这样一条原则，即为了促进和维持国家的作用，国家不得企图对习俗和民族的性格本身施加影响，不得给民族性格确定或者使之失去某一种特定的方向。因此，对于国家必须在什么样的界限内维持它的作用这个问题，我似乎在某种程度上可能已经作了充分的回答，因为这种作用局限在维护安全上，而且考虑到为此采取的手段，那么更确切地说，这作用只限于使用国家仿佛并不想用来培养——或者毋宁说豢养——整个民族报效国家最终目的的那些手段，因为如果说这个界定仿佛仅仅是消极的，那么，经过筛选剩下来的东西都是再显然不过的了。国家的作用范围将只许扩及处理那

些直接和恰恰是干预他人权利的行为上,只许裁决有争议的权利,重新恢复被侵害的权利,并惩罚侵害者。

　　不过,安全的概念太过于泛泛和涵盖太多,不能做更准确的分析,迄今为止,对安全概念较详细的界定无非是谈到防御外敌的侵犯和防御对同胞的伤害。因为一方面,从单纯为了进行说服的建议到急迫的举荐,再到必要的强制,细微差别是极为不同的。同样,从在自己权利的范围局限之内进行的、然而可能危害他人的行为,到同时没有离开自己权利的范围进行的、然而很容易或者总是破坏他人享受其财产的行为,直到那些切实干预他人财产的行为,其引起的不适当或不正当程度是很不同的、多种多样的。安全概念的范围也是同样很不相同的,因为人们对此可以理解为免于某种强迫或者这种程度的强迫的安全,或者不受某种或近或远地侵害权利行为伤害的安全。然而恰恰是这种范围具有极大的重要性,倘若它被拓展得太广,或限制得过于狭窄,那么,即使在其他的名目下,一切界线都是混杂在一起的。

　　因此,如果对那种范围没有做出比较准确的界定,要纠正这些界线是不可设想的。于是,对国家可以采取或不可以采取的各种手段,在很大程度上还要更仔细地分析和审查。因为根据前面的论述,虽然国家旨在切实进行移风易俗的努力似乎是不可提倡的,但是在这里,还是给国家的作用留下一个太过于不确定的回旋空间,例如,国家的限制性法律在多大范围上不去过问直接侵害他人权利的行为? 国家在多大程度上可以通过阻塞犯罪的根源,不是在公民的性格上,而是在作案的机会方面来防止真正的犯罪? 这些问题还很少进行探讨。但是,在这里可能走得多远,会带来多大的不利,这是很显然的,恰恰是对自由的关心就已经很让一些聪明人物动了心思,要让国家从根本上对公民的福利负责任,因为他们相信,这种更为普遍的观点也许会促进各种力量展开畅行无阻的活动。因此,这些观察迫使我承认,迄今为止应分割出更大的,而且在实际上相当明显可见的处于国家作用范围之外的地方来,而且恰恰在对它们似乎可能有疑问和有争论的地方,应将更加精确的界线确定下来。这就是我现在还必须做的事情,倘若我本人没有完全成功,那么我至少认为,必须努力争取尽可能清楚和充分地描述这种不成功的种种原因。无论如何,我希望,现在能够进行十分简短的概括,因为我写这篇文章所需要的所有原则,在前面已经作了探讨和论证,至少在我力所能及的范围内。

如果一个国家的公民在实施赋予他们的权利中不受外来的干预,我才称他们是安全的,权利可能涉及他们的人身或者他们的财产;因此,安全——如果说这种表述听起来不太过于简短、因而也许是含糊不清的话——就是合法自由的可靠性。这种安全不会受到那些阻碍人们用其力量从事某种活动或者享受他的财富的行为的干扰,而是仅仅受到那些违法活动和享受行为的干扰。犹如上面的定义一样,这个界定并非是由我随心所欲补充或选择的。二者都直接源流于上面所阐明的推理。只是如果人们赋予安全的表述这种含义,那么,那种推理就能够应用。这是因为只有真正的违法才需要存在一种不同于每一个个人拥有的权力;只有阻止这种违法的东西,能给真正的人的教育带来实在的好处,因为国家任何其他的努力仿佛给这种教育设置路障;最后,只有这才是渊源于可靠的必要性原则,因为其他的一切都仅仅建立在一种根据可能会出错的概率而计算的有益性的基础之上的,是没有把握的。

一方面是处于完全平等的全体公民,另一方面是国家本身,都必须获得安全。国家本身的安全涉及一个或更大或更小规模的客体,这视人们是更广泛地扩大它的权利还是更狭窄地限制它的权利而定,这个客体的规模可大可小,因此在这里,对国家本身安全的界定就取决于国家目的的界定。正如迄今为止我在这里尝试了对国家目的进行的界定一样,国家只能要求维持赋予它的权力和财富的安全。与此相反,国家不能从这种安全角度出发限制行动,公民如果没有真正触犯法律,国家就不能剥夺他的人身权利或财产——因此前提是,公民同国家没有处于一种特殊的个人的或暂时的关系之中,如在战争期间。国家的联合仅仅是一个从属的手段,真正的目的即人不能牺牲给这种手段,否则的话,就会出现这样一种冲突的情况:哪怕个人没有义务做出牺牲,大众也会有权拿他来当牺牲品。不过,除此而外,根据已经阐明的原则,国家不得关照公民的福利,为了维护他们的安全,这可能是不必要的,那样做恰恰会取消自由,因而也会取消安全。

安全所以遭到破坏,或者是由于一些本身就是干涉他人权利的行动,或者是由于令人担心会有这种后果的行为。但是,国家必须试图采用一些办法来禁止、防止这两种行为,这类办法马上将会成为本文所研究的对象;倘若这两种行为发生了,要通过从法律上促成对已造成的损害进行补偿,要尽力使之成为无害的,并通过惩罚使其在将来更少发生。由此而产生了——为了依旧忠于通常的说法——警察法、民法和刑法。

不过除此而外,还有另外一个研究对象,按其固有的本质,这个课题完全值得作专门探讨。即有一个公民阶层,前面所阐明的原则仅在某些不同的情况下留意到它,因为这些原则总是以具有寻常力量的人为前提的。我指的是这样一些人,他们尚未达到成熟的年龄,或疯癫或者痴呆夺去他们利用自己的人力的能力。国家同样必须关照这些人的安全,正如已经可以预见的那样,他们的状况可能很容易会要求人们对其作特殊的对待。因此,最后还必须观察国家——正如人们一般所说的那样——作为总监护人同公民当中一切未成年人的关系。

因为作了上面的论述之后,关于防范外敌侵犯的安全,我也许不需要再作什么补充了,因此我相信,我已经勾画出国家必须注意的一切对象的外部线条。我无意深入到所有这里提到过的如此广泛和如此困难的课题中去,在每一个问题上要是能够尽可能简短地阐明涉及当前这项研究的最高原则,我就心满意足了。只有当这实现之后,才能叫作完成,哪怕仅仅是这样的尝试;彻底回答所提出的问题,以及用恰当的界线从一切方面圈定国家作用的界限。

第十章　国家通过警察法律
对安全的关心

　　内容提要:国家通过界定公民直接而且恰恰是涉及行为者本人的行为来确保安全的责任。关于警察法律的表述——如果行为的后果损害其他人的权利,这是使国家有权进行限制的唯一原因——这样一种损害所包括的后果状况——通过激起恼怒行为的例子进行解释——对于发现其后果可能危害他人权利行为的情况,国家必须制订防范规则,因为判断力和知识需要达到一种罕见的程度才能避免危险——那些后果与行为的结合必须如何接近才能说明限制的理由——从前面的论述得出最高的原则——最高原则的例外——如果公民自愿通过契约促成国家一般必须通过法律才能促成的事情,这有其优点——对国家是否可以强行采取正面行动问题的审查——回答是否定的,因为——这样一种制度是有害的——对于维护安全是不必要的——紧急法的例外——在共同体的财产上发生的以及涉及共同体财产的行动

　　正如现在必须做的那样,为了通过生活中一切形形色色的境况去追踪人的行迹,从一切境况中最简单的情况开始是会有好处的,也就是这样一种情况:人即使生活在与其他人的结合中,仍然完全处在他的财产的局限范围之内,不进行任何直接和恰好同其

他人有关联的事情。大多数所谓的警察法律就是处理这种情况的,因为尽管这种提法含义摇摆不定,但最重要和最普遍的意义也许是,这些法律不涉及会直接侵犯他人权利的行为,它们仅仅谈到防范这类侵犯的手段,它们或者限制一些其结果本身可能容易对他人的权利构成危害的行为,或者限制那些一般会导致践踏法律的行为,或者最后界定为了维护和实施国家本身的权力所必要的事情。有些法规政令不是以公民的安全而是以公民的福利为目的,它们首先得到这个名称,对此我在这里不予探讨,因为这对我的意图无益。

在这里,依照前文确定的原则,在人的这种简单的境况下,除了允许国家禁止那种有理由担心会妨碍它自己的权利和公民的权利的事情外,它不可禁止任何其他的事情。亦即在这里,在国家权利的意图里,必然会应用那些由这种提法的含义刚刚普遍提醒的东西。因此,在获利或者损害仅仅涉及财产所有人自身的地方,国家永远不许贸然通过防范性法律加以限制。不过,认为某种行为只是损害着另一个人,它也必然会贬损他的权利,以此来为这种限制进行辩护也是不够的。因此,对这第二个界定必须作进一步说明。只有在未经本人同意或者不顾本人反对而剥夺某一个人的一部分财产或剥夺另一个人的某种自由的地方,才处处存在着对权利的贬损。相反,凡在没有发生这种剥夺的地方,凡在不是一个人某种程度上干涉另一个人的权利范围的地方,不管可能会对他产生何种不利,都不存在对权限的贬损。甚至在遭受不利的人那一方也行动起来之前——我想这样说——在他采取行动之前,或在至少没有尽他所能去对付贬损的影响之前,这种贬损同样也是不存在的。

不言而喻,对这些界定的应用是清楚的;在这里,我只想提醒记住几个值得注意的例子。即根据这些原则,人们尤其在宗教和习俗方面就令人恼怒的行为所谈及的东西一般通通都不存在了。

谁若发表某些意见或者采取某些有辱另一个人的良心和良好社会品德的行动，那么，他的行为当然可能是不道德的，不过，只要他没有犯纠缠不清的过错，他就没有侵害权利。至于另一个人要不要离开他，听由自便，或者形势迫使另一个人不能离开他，他就要承受与不同性格的人相处的不可避免的不舒服，而且他不得忘记，另一个人也许也由于看到他固有的某些方面而受到干扰，因为权利在谁的方面，总是只有在缺乏对一种权利做出裁决的地方，才是重要的。

但是，如果看到这种或者那种行为或听到这种或那种推理，会误导他人的美德或误导他人的理性和健康的理智，这是一种远为糟糕得多的情况，即使如此，也不允许限制自由。谁若这样行动或讲话，本身并不因此侮辱任何人的权利，另一个人有自由用坚强的意志或种种合理性的理由去对付对自己造成的不良印象。因此不管从中往往产生的弊端有多大，另一方面也永远不能排除可能会有好的结果，即在这种情况下是坚强的性格，在前一种情况下是宽容和观点的多样性经受考验并且获得胜利。我在这里也许无须提醒，我对这些情况不再作其他任何观察，而是只观察它们是否会破坏公民的安全；因为对于它们同民族良好社会习俗的关系，以及国家在这方面许可做什么或者不许做什么，我已经在前面尝试作了剖析。

因为有一些东西，对它们做出积极的判断并不要求每一个人都拥有自己的知识，所以如果有人有意或无意地利用别人的无知来为自己捞取好处，在这种地方安全也会受到破坏，所以必须让公民享有自由，可以说在这些情况下，让他们自由地去向国家询问和讨教。首先是医生们和为诉讼双方服务的法学家们提供着尤其引人注目的例子，这部分是因为这种需求是经常性的，部分是因为评判的困难，最后是因为令人担忧 的害处很大。在这些情况下，为了优先考虑民族的愿望，国家对那些决定从事这类事务的人进行考试，只要他们愿意接受考试,如果考试成绩优良,就给予一种表明技术熟练的标志,同时告之公民,他们只能依赖那些按照这种方式考验合格的人,国家这样做,不仅是可取的,而且甚至是必要的。

然而,仅此而已,国家永远不许再进一步,既永远不许禁止那些拒绝考试或考试成绩不好的人从事他们的事务,也永远不能禁止民族去利用他们来处理自己的事务。国家不许把同类措施扩大到其他事务上去,在不是对人的内在方面产生影响,而是仅仅对人的外在方面产生影响的地方,在人因此不能自己参与发挥作用,而是只需要听从和忍受的地方,而且在只有结果的真实或错误才是至关重要的地方;第二,除了在判断是以知识为前提的地方,而这些知识本身构成一个特殊的专门领域,不能通过运用理智和实际的判断力去获得,而且知识的稀罕性又增加了咨询和讨教的困难,国家也不许把这类措施扩大到其他事务中去。倘若国家的行为违背后面的这个界定,它就会陷入危险,会使整个民族变得懒散呆顿,无所作为,总是依赖外来的知识和外来的意志,因为缺乏可靠的、特定的帮助恰恰既去能推动公民丰富自己的经验和知识,又使公民更加密切和更加多姿多彩地结合在一起,因为在他们中间,一个人越来越多地依赖于另一个人的建议。倘若国家不能严守第一个界定,那么除了刚刚提到的不利外,还会产生在本文开头更为详尽论述的种种损害。

因此——在此又选择一个值得注意的例子——一般也不要对宗教教师方面采取这类措施。因为国家究竟应该对他们考些什么呢? 如果说是考试某些原则,但正如上面已经比较详细地指出的那样,宗教并不取决于某几条特定的原则;如果说是考试知识力量的范围,宗教教师的使命是讲解一些与听众的个性十分准确相互关联的事情,唯独在宗教教师一例中几乎仅仅事关他的智力和听众智力之间的关系,而这样一来,做出判断已经是不可能的;如果说是考试诚实正直和性格坚强,但仅仅在这方面,并不存在其他的考试——只有一种若由国家来进行则其地位很是尴尬的考试，即考察人的境况、人迄今为止的举止，等等。

最后，从根本上讲，包括在上面我本人赞同的那些情况下，只有在民族确信不疑的意志要求采取这类措施的地方，才必须采用它。因为在自由的、通过自由本身变成有文化教养的人当中，它根本是不必要的，而且它总是会被滥用。因为我在这里并不是要详细剖析各种具体的对象，而是仅仅为了界定一些原则，我还想再一次简短地表明我的观点，只有我才从这一观点出发述及了这样一种机构设置。我的观点是：国家绝不应该关照公民的正面福利，因此也不必关照他们的生活和健康——如果那样做，必然会有其他人的行动对之构成威胁——然而也许应该关心他们的安全。只有由于欺骗者利用他人的无知，后者的安全本身可能受损时，这样一种国家的监督才可能落在国家作用的界线范围内。不过，在出现这样一类欺骗时，必须对受骗者进行劝导、说服，因为在这里，不同的细微差别相互融合已经使得一条普遍的规则几乎不可能存在，而且恰恰是由于自由而还留下的进行欺骗的可能性，会磨炼人，使人们更加小心谨慎和更加聪明，因此我认为，在不能进行某些特定应用的理论里，最好把各种防范性法律的适用范围仅仅扩大到那些没有他人同意或者甚至是违背他人意志而采取行动的情况，这样更好，更符合原则一些。然而，前面的推理总是有助于表明，应该如何根据所列举的原则对待哪怕是其他的情况，如果必要的话。①

如果说到现在为止，分析了一个受到国家监督的行为的后果状况，那么还要问，是否对任何可能预见有这种后果的行为都可以进

----

①　这里所列举的情况有可能不属于当前这一章，而是在更大程度上属于下一章，因为这些情况恰恰涉及与其他人有关的行为，但是我这里谈的不是具体个案，例如一个医生确实如何对待病人，一位法律学家确实接受一桩诉讼案，而是有人选择过这种生活、这样来养活自己的情况。我问自己，允许国家限制这类选择吗？而且这种选择恰恰还不涉及任何其他人。

行限制呢,或者仅仅许可限制那些必然带来这种后果的行为呢? 在前一种情况下,自由会陷入遭难的危险境地,在后一种情况下,安全会陷入遭难的危险境地。因此,显而易见,必须采取中间路线。不过,我认为不可能泛泛地描述这种中间道路。诚然,在确定了一项这样的法律的情况下,就必须同时通过观察危害、获得成效和限制自由的概率,就这种情况进行商议。不过,在这些行为当中,根本没有一个允许我们对之采取一种普遍的尺度;尤其是概率的计算总是会使人误入迷途。因此,除了表明那些考虑的因素外,理论不能有更多的作为。我认为,在应用时,人们必须仅仅视具体的特殊情况而定,但是不能同时注意各种情况的普遍性质,而是只有当过去的经验和当前的观察表明限制是必要的时,才必须规定限制。

如果人们把自然法应用于多个人的共同生活,它是会明显区分界线的。它不赞同所有那些一个人由于他的过错干涉另一个人范围的行为,因此也不赞成所有以下的那些行为,在这类行为中,造成损害是由于真正的疏忽,或者损害总是以一定程度的概率与行为相联系的行为,以至于行为者要么看到损害,要么至少不能疏忽这种损害,而不一定要把这种损害归咎于他。其他地方产生的损害处处都属偶然,行为者没有义务补偿这些损害。对自然法的进一步的扩大应用只能从共同生活者们的一种默认的契约引申,即又是从某些实证的东西派生。

不过,如果在国家里只做到这一步,似乎满有理由令人担忧,尤其是如果人们考虑到令人担忧的损害的重要性和限制公民自由哪怕只会很少造成不利的可能性的话。国家在这方面的权利也是毋庸争辩的,因为它不仅应该关心安全,在发生违法时,国家要强制赔偿,而且它也要防止造成损害。应该进行宣判的第三者,也只能根据外在的特征进行裁决。因此,国家在这里不可能止步不前,而袖手等待,看看在从事危险行动时,公民是否不会缺少应有的小心,国家也不可能独自考虑,公民是否预见到蒙受损害的可能性;毋宁说,国家必须——在形势确实十分令人忧虑之时——自行限制着本身没有危害的行为。

因此,也许可以提出下述原则:

为了关心公民的安全,国家必须禁止或限制仅仅直接涉及行为者的、其后果是违反他人权利的行为,这就是未经他人同意和违背他人意志贬损他们的自由或损害他们的财富,或者担心很有可能导致这种结果的行为,在考虑这样一种可能性时,一方面必须注意令人担心的损害的大小,同时又要注意通过某一项防范性法律产生的对自由限制的重要性。但是,任何进一步和从其他观点出发对私人自由进行限制,都在国家作用的界限之外。

因为根据我这里所阐明的理念,实行这类限制的唯一理由是他人的权利,因此当这种理由不复存在时,这类限制也就应消失了,例如在大多数警察行动中,危险仅仅扩及共同体、村庄和城市范围,一旦这样一种共同体明确地和一致地要求撤销警察的行动,国家的这类权利也就不复存在了。于是,国家就必须后撤,只能满足于对由于有意或出于过失违犯他人权利而造成的损害进行惩罚。因为唯有这件事,即防止公民之间的不和才是国家真正和固有的利益,公民个人的意志,也许包括被侮辱者们的意志,都不准妨碍国家去促进这种利益。

倘若设想一下受过启蒙的、熟知他们的益处和因此彼此善意相待的人们相互密切结合在一起,那么不言而喻,在他们之间将会很容易自行产生自愿的、旨在实现其安全的契约,例如,规定这种或那种十分危险的事情只能在一定的地方或某些时间里进行或者应被完全禁止的契约。这类契约必须大大优先于国家的法令,因为是那些直接感到这样做的优点和害处以及本身感到有必要这样做的人缔结了契约,契约的产生除了它们确实有必要外,首先肯定不会轻易走样；此外，它们是自愿缔结的，将会得到更好和更严格的遵守；最后，尽管它们明显地限制着自由，作为自主行为的后果，它们对个性的损害要小一些，而且在更大程度上，正如它们是在某种程度上的启蒙和善意的情况下产生的一样，它们反过来又会促进二者①的提高。

因此，国家真正努力争取的目标必须旨在通过自由来引导人们，使各种共同体更容易产生，在这些情况以及在形形色色类似的情况下，这些共同体的作用可以取代国家的位置。

在这里，我甚至没有提及那些强加给公民各种实在义务的法律，它们要求公民为国家或者为其他公民相互间要牺牲这样或者牺牲那样的东西，这类法律在我们这里处处俯拾皆是。如果必要的话，每一个公民都有义务为国家出力，随后我还将有机会谈到这一点。不过，除了为国出力外，我认为如果国家强迫一个公民违背自己的意志为另一个公民做某些事情，这也是不好的，他也应该为此得到充分的赔偿。因为既然每一种东西和每一件事根据人的情绪和喜好的无限迥异，可能带给每一个人以异常不同的益处，既然这种益处可能以同样多种多样的方式令人感兴趣、于人至关重要和不可或缺，那么，要决定一个人的哪件东西必须优先于另一个人的哪件东西——即使没有完全被困难吓倒——总会带来某种棘手的问题，即难以判断另一个拒绝者的感觉和个性。恰恰基于这种原因，真正的赔偿也往往根本是不可能和几乎永远无法普遍决定的，因为只有完全相同的东西，才能用一个替代另一个。除了这类即使是最好的法律也会带来的这些害处外，还有一个害处是，它们还很有可能会轻易被滥用。

另一方面，安全——唯独它正确地为国家规定了界线，国家必须在这些界线之内保持它的作用——会从根本上令这类措施

----

① "二者"指自由和个性。——译者

成为不必要,因为任何有这种情况的地方,它都必然会是例外;人们越少感到他们的自尊和他们的自由感受到他人一种真正的强制权利的损害,他们相互间就会更加善意相处,就会更加乐意相互提供帮助;即使一个人的情绪和毫无根据的固执妨碍着人们做好某种事情,但这种现象的性质也与动用国家权力摆平关系的性质不同。它不会在有形的大自然中炸平每一块漫游者前面的拦路石! 障碍会激发人的毅力,磨炼人的才智,只会妨碍那些造成人们之间的不公正的人,对他们无好处;然而,那种固执不是这样一种虽然可能在个别情况下为法律所降服、但是只有通过自由才能得到改善的障碍。借助这些仅仅在这里简要总结的理由,我想就足以否定那种雷打不动的(国家干预的)必要性,因此国家必须满足于保护人们已经存在于积极的结合关系之外的、为了他们自己的灭亡而牺牲他人的自由和财产的权利。

最后,相当可观数量的警察法律产生于这样一些是在自己的权利的界线范围之内采取的行为,然而这些权利不仅仅是自己的权利,而且也是共同体的权利。当然,对于这些行为,限制自由令人忧虑的程度要小得多,因为在共同体的财产里,每一个共有财产的共有者都有权利提出异议。这类共同体的财产,比如是连接若干领地的道路和河流,城市中的广场和街道,等等。

第十一章 国家通过民法法律 对安全的关心

内容提要:国家通过界定公民直接的并恰恰涉及他人的行为来确保安全的责任——损害他人权利的行为——国家有义务帮助受损害者获得赔偿——有义务保护冒犯者不受被损害者的报复——相互同意的行为——意思表示——国家在意思表示方面的双重义务——首先,要维护适用的意思表示——其次要拒绝向违法的意思表示提供法律保护,并防止使人们包括由于有效力的意思表示而套上压迫枷锁——意思表示的有效性——把方便解除有效缔结的契约作为刚刚行使提到的国家第二项义务的结果——仅仅在涉及人身契约时才有此义务——根据契约固有的性质采取不同的(契约)方式——由于死亡而引起的财产支配权的转让——根据权利一般原则财产支配权转让的有效性——财产支配权转让的害处——单纯的无遗嘱继承顺序的危害和私人财产支配权转让的好处——试图保持这些长处和扬弃这些短处的中间道路——无遗嘱继承顺序——义务部分的界定。人们之间在生前缔结的契约在多大程度上必须转移给遗产继承者——只有当遗留的财产因此而获得另一种形态时才转移给遗产继承人——国家必须制订防范规则,防止产生限制自由的关系——道德的人——道德的人的短处——

产生短处的原因——如果人们把每一个道德的人每一次
都只仅仅看作是相应的成员们的一种联合体,短处就被排
除——从这一章得出的一些最高原则

　　直接和正好是涉及他人行为的情况就会更复杂一些,不过对于
当前这项研究来说倒是困难少一些。因为凡是由于这类行为而权
利受到侵犯的地方,国家当然必须阻止它们,并强制行为者赔偿所
造成的损失。不过,根据前面所说明的界定,只要它们违背另一个
人的意愿或者未经他的同意剥夺其自由和财富时,他也有权要求赔
偿,只不过因为在社会里他已经把他私人报复的事情移交给了国
家,他除了有权利要求国家处置外,不能再有别的任何要求。因此,
冒犯者也只有义务向被冒犯者归还被他所夺走的东西,如果不可能
归还原物,就有义务赔偿,只要他能够用他的财富或力量去获得财
产,他就必须用他的财富和力量作为担保。例如在我们这里,剥夺
没有财富的债务人的自由,只能作为一种从属的手段来应用,以免
出现危险,让义务人也连同其人身一起丧失他将来获得财富的机
会。于是,虽然不许国家让受害者丧失要求赔偿的合法手段,不过,
它也必须采取防范措施,别让复仇欲利用这种借口去对付冒犯者。
国家必须更要这样做,如果受害者逾越权利的界限,而在未由社会
来处理的状况下,冒犯者抵抗被冒犯者,并且与此相反,国家无法抗
拒的权力在这里打击他;国家必须更要这样做,如果在应该由一个
第三者进行裁决的地方,总是需要有普遍的规定,普遍的规定总是
更会有利于这种借口。因此,债务人个人的保证可能容易要求得到
比大多数法律所允许的要多的例外待遇。
　　取得相互赞同才采取的行为,与一个人为自己所做的、不直接
涉及他人的行为完全一样,因此对于它们,我只能重复我在前面已
经谈到的关于后一种行为的看法。不过在它们当中,有一类行为完
全必须有其自己的界定,即那些不是同时和一次性就完成的行为、

而是扩及今后的行为。这类行为包括所有的意思表示,由这类表示产生出意思表示者充分的义务,义务应该要么单方面履行,要么在相互间实现。它们把一部分财产由一个人转让给另一个人,如果转让者没有履行诺言,试图把转让的东西重新夺回,安全就受到破坏。因此,国家最重要的义务之一就是维护意思表示。

不过,任何意思表示所强加于人的强制,只有当一方面是意思表示声明者因此而受到限制,另一方面当他具有适当的思考能力——在一般情况下和表示意思时有正常的思考能力——并且是自愿缔约采取行动时,这种强制才是公正和有益的。凡在不是这种情况的地方,强制处处都是既不公正,也是有害的。一方面,为未来考虑虽然可能,但其方式可能是很不完善的,另一方面,某些性质的义务会给自由加上各种有碍于人的整个教育的羁绊。因此就产生国家的第二项义务,拒绝给违法的意思表示提供法律帮助,并采取一切仅仅与财产安全相协调的防范措施,以防范由于一时没有慎重考虑而给人加上一些妨碍或阻止对他的整个培养的枷锁。

关于一项契约或一项意思表示产生效力需要什么条件,各种有关权利的理论理所当然地开展着辩论。关于这些理论的探讨对象,我在这里仅能提醒注意,根据前面阐述的原则,国家一般只有维护安全的义务,除了权利本身的一般概念就已排除的例外对象外,或者同样由于关心安全而有道理的例外对象外,国家不许把任何其他的对象作为例外排除在外。但是首先只有下述情况是适当的:①在许诺者不可能把强制权利移交,而不至于同时把自己贬低为仅仅是另一个人的意图的一种手段的地方,例如任何最终导致奴役的契约的情况;②在许诺者本人对履行承诺,按其所承诺的东西的性质,不拥有权力的地方,例如涉及感觉和信仰的对象时,情况就是如此;③在承诺要么其本身、要么其后果确实违背他人的权利或者对他人的权利构成危险的地方,在此,在各种人的行为中有时也出现所有已经阐明的原则。所有这些情况之间的差别在于,在第一种和第二种情况下,国家仅仅不得使用法律的强制权利,但是除此而外,只要这类意思表示是在相互同意下做出的,它既不许阻止它们的做出,也不许阻止它们的实行,因为与此相反,在最后提到的那种情况里,它也能够和必须禁止纯粹的意思表示本身。

　　然而,凡是在对一项契约或者一项意思表示的合法性无可指责的地方,国家为了方便,即使是人具有自由意志也会相互强加于人的强制,它让解除通过契约而建立的结合关系变得不那么困难,它可能防患于未然,防止一时所下的决定在生命的很长一段时间里限制着人的随意处置能力。在一项契约的目的仅仅是转让物品、没有进一步涉及人身的关系之时,我认为,(国家的)这样一种举措并不可取。因为一方面,物品不太会导致缔约者们之间产生一种持久关系;同时对它们进行限制而对交易安全所造成的破坏要远为有害得多;最后,一旦说出的话就不可撤回,就有约束力,因此人们永远没有真正来使这种强制容易一些的必要性,在转让物品时没有出现这种真正的必要性,虽然进行这样那样的人的活动会因此受到妨碍,但是毅力本身不易削弱,这在某些方面是好的,尤其是对培养人的判断力和促进性格的坚强是好的。

　　与此相反,一些使个人的劳务变为义务或者甚至是产生真正的人身关系的契约,情况则十分不同。在这类契约里,强制对人的最珍贵力量是有害的,因为由它们促成的交易成功与否虽然或多或少取决于各方持久的同意,但是在它们当中,这类限制的危害也小一些。因此,凡是通过契约产生一种人身关系,这种关系不仅要求一些单一的行动,而且在最固有的意义上涉及人身和整个生活方式的地方,凡是做什么或者不做什么,都与内在的感觉处于最准确的相互联系之中的地方,必须允许随时解除契约,不必全部列举理由。婚姻就是这种情况。

　　在人身关系没有这么密切、但同样密切地限制着人身自由的地方,我认为,国家必须确定一段时间,时间的长短一方面要根据限制的重要性,另一方面要根据事务的性质来确定,在这段时间内虽然双方的任何一方都不许背弃契约,但是期满之后,契约如果没有重新缔结,就不能带来强制权利,即使双方在缔约时拒绝援用这项法律,也不能带来强制权利。因为倘若这样一种规定看上去似乎就是法律的一种纯粹的善行,而且仿佛它同样不许作为其他善行强加给任何人,那么,这并不剥夺任何人哪怕缔结持续整整一生的关系的权限,而是仅仅在强迫妨碍着权利的最高目的时,剥夺一个人强迫另一个人的权利。

是的,这不是纯粹的善行,因为这里提到的情况,尤其是婚姻的情况(只要自由的随意性不再伴随着关系)仅仅是在程度上,不同于那些使自己成为另一个人的意图的一种纯粹手段,或者毋宁说被另一个人弄到这种地步的情况;国家在这里拥有在从契约产生的正当方式和不正当方式的强制权利之间确定界线的权限是不可否定的,也就是说,不能否定社会的共同意志的这种权限,因为对于由一项契约产生的限制是否确实会使改变了他的意思的人仅仅成为另一个人的一种手段这一问题,只有在每一个特殊的情况下,才能得到十分明确和符合实情的决定。最后,这也不能叫作强加一种善行,如果人们撤销事先放弃的权限。

权利首要的几条原则是不言自明的,而且前面也已经着重提到过,任何人都不能有效地就别的东西缔结一项契约或者一般地表示他的意思,只能就真正属于他自己所有的东西——他的行为或者他的财富——缔结契约或做出意思表示。毫无疑问,一旦契约或意思表示对公民的安全具有影响,国家关心公民安全最重要的部分任务就在于监督这条原则的执行。然而还有各种各样的事务,人们在处置它们时却完全忽略这条原则的应用。比如,一切由于死亡而发生的财产支配权的转让,不管它们可能是如何进行的,不管是直接地或间接地进行的,或者哪怕是在利用另一种契约的场合,也不管以一项契约、遗嘱或者不管其他什么方式,情况都如此。

　　整个权利总是只能涉及人；只要通过行动把物与人联系起来，才能设想把权利和物联系起来。因此，随着人不再存在，权利也就丧失了。因此，人在世之时虽然可以随意处置他的各种物品，把它们完全地或者部分地转让出去，把它们的物质实体或者它们的使用权或者它们的所有权转让出去，也可以以他所认为合适的方式事先限制他的行为，限制他对他的财富的支配一样。然而，绝不赋予他权限，以采取一种对别人有约束力的方式，来决定在他死后应该如何处置他的财富，或者决定他的财富的未来主人应该如何行动或不应该如何行动。

　　我不停留下来论述可能会反对这些原则的异议。关于遗嘱有效性的争论问题，正面理由和反面理由已经根据自然法辩论得够多了。在这里，权利的观点从根本上讲不那么太重要，因为当然不能否定整个社会拥有权限，以正面赋予各种遗嘱声明以它们一般所缺少的有效性。不过，至少在我们的立法所赋予它们①的有效范围里，根据我们普通法的制度——在普通法里，这里的罗马法学家们的吹毛求疵与封建采邑制度原来旨在使整个社会分开的统治欲结合在一起——它们妨碍着对于培养人绝对必需的自由，而且它们背离了这整篇论文阐明的所有原则。因为它们是最出色的手段，这样一来，就能规定另一代的法律，这样一来，就能让滥用和偏见一个世纪紧接一个世纪地继承下去——滥用和偏见存在的时间，本来一般不容易超过令其产生不可避免和存在必不可少的理由能够存在的时间——最后，这样一来，不是人赋予物以形态，而是物把人本身置于各种物的枷锁之下。它们②最会把人的视线从真正的力量以及培养引开，引导到外在的占有和财富上去，因为后者是唯一能够在死后还能够把顺从强加给人的意志的东西。

---

　　①　这几个"它们"均指"遗嘱声明"。——译者
　　②　这几个"它们"均指"遗嘱声明"。——译者

最后,遗嘱的自由常常而且大多数恰恰服务于人的不那么高尚的激情、骄傲、统治欲、虚荣心等等,以及从根本上讲,更经常的是只有那些不太聪明和不太善良的人才使用它,因为比较聪明的人会注意不去为一个其个别情况对于他的目光短浅来说是隐蔽难见的时代规定一些东西,而比较善良的人会为他没有遇上他必须限制其他人的意志的机会而高兴,而是还会热切地去探究其他人的意志。保密和防止旁人评判的安全甚至常常可能有利于一般情况下被羞耻心所压制的转让支配欲。我感到,这些理由似乎足以表明,必须至少保障遗嘱的转让支配不得威胁公民的自由这种安全。

然而,如果国家完全取消制订涉及死亡情况的规章制度的权限——正如这些原则当然的严肃性所当然要求的那样——那么应该用什么来取代它们的位置呢?因为安宁和秩序不可能使大家都被允许占有财产,因此不可能有别的,只能是一种由国家规定的无遗嘱法定继承顺序,这是毋庸争议的。不过另一方面,前面所阐述的某些原则也禁止赋予国家一种如此巨大的正面影响,在完全废除立遗嘱人自己的意思表示时,国家通过这种继承顺序会获得巨大的正面影响。

我已经不止一次地指出了在无遗嘱的各种法律与各国的政治宪法之间所存在的明确联系,而且这种手段也容易用于其他的目的。总的来说,各种人丰富多彩的和变化多端的意志,应该优先于国家那形式单调、固定不变的意志。尽管人们总是可能蛮有道理地指责遗嘱的害处,但是,剥夺了人由于产生以下这种想法而带来的纯洁无邪的愉悦似乎也是冷酷的:即在他死后还能用他的财富为这个人或那个人做些善事;如果说法律规定大大有利于遗嘱,就会使人们对财产的关心变得太过于重要,那么完全取消遗嘱的效力也许会导致完全相反的弊端。由于人们这种可随心所欲地留下他的财富的自由在他们身后就会产生一条新的纽带,它虽然常常被滥用,不过往往被用于有益的事情。这里所表达的理念的整个意图,也许并非不俗,它们致力于摧毁社会里的一切桎梏,但也致力于把这些桎梏用尽可能多的纽带相互缠绕在一起。孤立的人可能与受束缚的人一样难以培养自己。最后,某一个人是在他临终时确实把他的财富馈赠于人还是立下一份遗嘱留下遗产,这种区别微乎其微,因为他对前者拥有一种毋庸置疑的和不可剥夺的权利。

这里所列举的正面理由和反面理由似乎错综复杂,自相矛盾,我认为可以通过下述观察来解决矛盾:遗嘱法规可以包含两方面的规定:①谁应该是遗产的下一个直接占有者;②他应该如何处置,把遗产再让给谁,应该如何遵守顺序。所有前面提到的短处只对后一条规定适用;相反,所有长处则只对前一条规定适用,因为法律如同它们当然必须做的那样,只能通过对一部分义务作适当规定,设法让留遗产者不可能做出真正不合理或者不公正的事,因为我认为,在他死后还馈赠某人,似乎仅仅是一种善意的想法,不必担心有特别的危险。

这里所遵循的原则,在一定的时间内,肯定会还是同样那些原则,而订立遗嘱的事例是否更常见或者罕见同时会给立法者一个信号,说明究竟他所推行的无遗嘱继承顺序是否还能适应。因此,根据这一个课题模棱两可的性质,对国家有关这方面的措施也分头落实,一方面虽然除了有关义务这一部分之外,允许每一个人决定在他死后谁应该占有他的财富,但另一方面,又禁止他以某种可能设想的方式规定这个人应该如何支配和管理这些财富,也许这样做是不可取的。

虽然国家准许的事情很容易被作为一种手段而滥用,被用来干国家所禁止的事情。唯有这件事才是立法工作必须通过各种具体和详细的规定而优先关心的。因为这里不是阐发这个问题的地方,所以比如可以建议把下述规定用作为这类规定:立遗嘱者不能提出在其死后遗产继承者必须完成什么条件,才能确实成为遗产继承人;立遗嘱者总是只能指定他的财富的下一任占有者,但是永远不许指定再往后的占有者来限制前一个占有者的自由;他虽然可以指定若干继承人,然而恰恰不必这样做;一件东西虽然可以按照大小分割,但是决不能根据权利分割,例如物的实质和用益权就不得分割,等等,因为由此会产生形形色色的不方便和对自由的限制,犹如从那个与此密切相关的、有关立遗嘱者的地位优先于遗产继承人的理念会产生很多不方便和对自由的限制一样——如果我没有大错的话,这个理念像其他很多的、在先后顺序上变得对我们极端重要的东西一样,是建立在罗马人的一种惯例之上的,亦即建立在由于一个刚刚开始形成的民族尚未完善建立法院规程基础上的。然而,如果人们不放弃立遗嘱人最多只能指定他的遗产继承人这样一条原则,不许再作任何别的规定,那么所有这些不方便和对自由的限制是有可能避免的;如果这条原则有效地实现了,国家就必须帮助这个遗产继承人占有遗产,但是国家不得对立遗嘱人任何进一步的意思表示提供支持。

倘若留下遗产者没有指定遗产继承人,国家就必须规定无遗嘱的继承顺序。这些原则必须是规定无遗嘱继承顺序和规定义务的基础,不过,阐述这些原则不属于我眼下的研究意图,我只能满足于提出下述观点:在这里,国家不允许考虑正面的最终目的,例如保持各个家庭的完整和富裕,或者极端地反其道而行之,通过增多参与者或者甚至更多地支持那种较大的需要,使财产支离破碎,而是只能遵循权利的各种概念,在这里也许只能局限在留下遗产者生前共有财产的概念上,这样就把第一权利给予家庭,另外的权利给予社区,等等。①

对于活着的人之间签订的契约,它在一方死后应在多大程度上转移给继承人的问题,与遗产问题十分相近。答案必须从已经

---

① 在前面的推理中,我有很多引用密拉博(Mirabeau)关于这个论题的讲话;倘若不是密拉博采取一种与我当前这个研究意图完全格格不入的政治观念,我还会更多地引用他的论述。

确定的原则中产生。这个原则就是：人在生前只要他愿意，就许可限制他自己的行为和出让他的财富，但是既不得决定在他死后拥有他财富的人的行为，也不许对此做出什么规定（人们只能仅仅同意指定遗产继承人）。因此，所有那些确实包含在一部分财产的转让里的、因而要么减少了要么增加了立遗嘱人的财富的责任，必须转移给遗产继承人，而且后者必须对立遗嘱人履行这些责任；与此相反，那些或者存在于立遗嘱人的行为里的责任，或者仅仅涉及立遗嘱者人身的责任，不能转移给遗产继承人。不过，即使做了这些限制，由于立遗嘱者生前缔结的契约，把他的后代卷入有约束力的关系的可能性还总是很大的。因为人们可能同样把他的权利作为他的财富的一部分来出让，如果遗产继承人不能处于其他的地位，只能处于立遗嘱者本人所处的地位，这类转让对遗产继承人必然是会有约束力的，于是，对一个物而且是同一个物若干权利的分割占有总是会带来强制性的、个人的关系。因此，如果国家或者禁止所签订的这类契约终身有效，或者在一旦可能产生这种关系之时，至少提供方便于采取促成财产真正分割的手段，这即使说不是必要的，也至少是可取的。更加详尽地论述这样一种规定又不是属于这里论述的范围，而且考虑到我们既不能通过确定一般的原则，也不能通过某些针对特定的契约法律来做详细论述，此时，我认为更不属于这里探讨的领域。

人不同于他的意志要求和他的力量允许的行为越少，他在国家里的地位就越有利。如果说联系到这个真理（所有在这篇论文里所表述的理念本来就都是围绕着这个真理展开的），我纵观民法法学的领域，那么除了其他的一些不那么突出的对象外，在我面前还展示着一个极为重要的课题，即各种社会①，与自然的人相反，人们一般称之为道德的人。因为各种社会总是包含着一个独

———————————————

①　按我们的习惯，这里说的"社会"，是指"社会关系"或"契约关系"。——译者

立于构成它们的人的数目的统一体,该统一体又经年累月长久地保持着,只有不明显的变化。因此,它们会最少带来前面已经作为遗嘱法规后果论述过的种种短处。因为在我们这里,虽然由于一种并非必然与社会本质有联系的设置而产生很大一部分社会危害,——这种设置就是各种排他性的特权,国家时而着重明确赋予遗嘱法规以各种排他性的特权,时而习惯默认这些特权,而且通过特权,这种机构设置往往变为政治团体。因此,社会本身也总是带来大量的不方便。然而,只有当社会的宪制或者迫使所有的成员违背自己的意愿,这样或那样地应用共同体的手段,或者由于存在大家一致赞同的必要性,而允许较少数人的意志束缚较多数人的意志时,才会产生这些不方便。

而且各种社会和联合体本身绝不会产生有害的后果,它们恰恰是促进和加速人的培养的最可靠和最合适的手段之一。因此,人们在这里对国家期待的最好的东西,只能是这样的一种规定:任何道德的人或者社会不能看作是别的,只能看作是各相应成员们的联合体,因此任何东西都不能阻止这种联合体通过多数表决,随意就共同体的力量和物资的使用做出决定。只是人们也许必须注意,只能把社会确实赖以为基础的那些人看作是这种成员,而不能把那些被社会仅仅作为工具的人也看作是这种成员——这种混淆并非罕见,尤其是在判断精神的各种权利时更是屡见不鲜。

基于前面所做的这种论证,我认为,现在有理由提出下述的原则:

凡是在人不仅仅停留在涉及他的力量和他的财产的范围内,而是采取一些涉及他人的行动的地方,为了关心安全之故,国家就必须履行下列义务:

1.国家必须禁止那些没有他人同意或违背他人意志而采取的行动,不让他人因此在享受他自己的力量或拥有他自己的财产时受到损害;在发生违犯事件时,强制冒犯者赔偿所造成的损失,但是也要防止受害者利用这种借口或其他借口,对冒犯者实行私人的报复。

2.那些得到他人同意而采取的行动,国家必须把它们限定在前面已经为各种个人的行为规定的范围里(见[原文]128页)①,但不能限定在更狭窄的范围内。

3.如果在上述行动中,结果会在有关各方中产生一些权利和义务(各种单方面的和相互间的意思表示、契约,等等),凡是从中产生的强制权利是在转让者从某种处于转让者支配的对象的角度有适当思考能力的状态下,并且是在自由缔结契约时转让的,国家处处要保护这种强制权利,但是相反,在行为者本人缺乏这两个条件之一时,或者在会违背一个第三者的意志或者未经他同意而非法对他限制时,则永远不予保护。

4.即使是有效的契约,如果从中会产生这样的个人责任,或者毋宁说会产生这样一种十分限制自由的个人关系,国家也必须总是在这种限制对内在教育的有害程度上,为解约分离提供方便,哪怕违背一方的意志;因此,在履行由这种关系产生的义务确切与内在感觉紧密结合的地方,履行义务的时间是不确定的和永久的,与此相反,在虽然有严格限制、但正好没有出现履行义务与内在感觉紧密结合这种情况的地方,要同时既根据限制的重要性又根据事务的性质,确定一定的时间,允许履行这种义务。

5.如果有人想要为他死后安排其财富支配,那么虽然允许他指定最直接的下一个遗产继承人,但他不得提出任何限制性条件来限制遗产继承人的能力,继承人可以随意支配财产,这样做是可取的。

6.与此相反,必须彻底禁止所有这种性质的进一步的转让支

①　见第十章。——译者

配,同时规定一种无遗嘱继承顺序和一个特定的 承担义务方。

7.虽然人们生前缔结了契约,当他们赋予遗留的财产以另一种不同的形态之时,就必须把这些契约转移给遗产继承者,而且也必须对继承人履行这些契约,但是,国家不仅不许对这条原则的适用范围作进一步扩大,而且若国家对各种会在缔约各方之间产生一种如此密切的和限制性的关系(例如若干方之间分割对一件东西的多种权利)的契约,或者只允许缔结有效期至有生之年的契约,或者为缔约一方为另一方的遗产继承人的解约提供方便,这当然也是可取的。因为尽管在这里没有出现那些与前面论述个人关系时相同的原因,但继承人的赞同也不那么自由,而且关系持续的时间长短甚至是不确定的。

倘若完全依照我的意图提出这些原则是成功的,那么,对于民法的立法必须关心维护安全的一切情况,这些原则必须规定最高的准则。例如,我在这些原则里并未提及道德的人,因为无论是通过一项遗嘱还是通过一项契约产生这样一种社会,都必须根据这里所谈的原则来判断道德的人。诚然,民法立法里所包含的情况丰富多彩,也不允许我由于这个意图的实现而沾沾自喜、乐不可支。

第十二章　国家通过以法律裁决公民争端对安全的关心

内容提要：国家通过以法律裁决公民争端来确保安全的责任——在这里国家仅仅取代诉讼各方的位置——由此产生的诉讼制度的第一条原则——国家必须保护诉讼双方的权利——从中产生诉讼制度的第二条原则——忽略这些原则引起的不利——制订新的法律帮助法官能够进行判决的必要性——法院规程的功能，这种必要性主要取决的因素——这类法律的长处和短处——从这类法律中产生的立法的规则——从这一章得出的一些最高原则

在社会里，公民安全主要赖以为基础的东西，就是把整个个人随意谋求权利的事务转让给国家。但对于国家来说，从这种转让中产生了义务，国家有义务为公民完成他们现在再也不许自己去完成的事情，因此，如果在公民之间有争端，国家就有义务对权利进行裁决，并且在占有权利上要保护拥有权利的一方。不过，在这里，国家仅仅代表公民，而且国家根本没有任何自己的利益。因为在这里，只有当遭受不义或者认为自己遭受不义的人不想再忍耐下去时，安全才真正遭到损害，如果他或者同意，或者有理由不想去谋求他的权利，安全就没有受到损害。即使是由于无知或者惰性，促使公民忽略自己的权利，国家也不许自动进行干涉。

只要它不是通过纷繁复杂的、模糊不清的或者不适当公布的法律给人造成这类错误的机会，它就算是尽职尽责了。

于是，凡是在真正谋求权利的地方，正是这些原因适用于国家借以调查权利情况的一切手段。除了争讼各方的意志指引它去履行职责，它在这里面永远不许再大胆迈出一步。因此，任何一种诉讼制度的第一条原则必然是本身绝对永远不主动地去寻求查明真相，而总是在有权要求调查一方的要求下，才去调查真相。不过在这里也出现新的范围限制。即国家不许迎合诉讼各方的任何要求，而是只能满足可能有助于澄清所争执权利的要求，以及满足旨在应用那些即使在国家的结合之外也能够用来解决他与他之间争端手段的要求，而且这些手段是在以下情况下才予以利用：即他们之间仅仅是为一项权利而争执，但是另一方或者根本没有夺取他的权利，或者至少不能证明夺取他的权利，国家参加进来的权力只许保障对这些手段的应用，并支持其发挥作用，不得再做别的。

从这里产生出民法程序和刑法程序之间的差异，在前者，为了查明真相所使用的极端的手段是发誓，但是在后者，国家享有一种更大的自由。因为在调查有争议的权利时，法官仿佛站在双方之间，因此他的责任是防止诉讼双方的任何一方，由于另一方的过错，在实现其意图上或者完全受干扰，或者受阻遏；因此就产生了第二条同样是必要的原则：在诉讼过程中，对诉讼各方的行事方法要有特别的监督，并防止它不是接近共同体的最终目的，而是毋宁说远离这个最终的目的。

我想，最严格和最准确地执行这两条原则中的每一条原则就能产生最好的诉讼制度。因为如果人们忽视后一条原则，就会给诉讼双方的刁难和代言人的漫不经心和自私企图留下太多的空间；这样，诉讼案就会变得错综复杂、长久艰难、费用高昂，判决还会出差错，往往与诉讼双方的实情和意见不相适宜。是的，这些缺点甚至会促使权利争端更经常发生，从而助长诉讼嗜好。相反,如果人们离开前一条原则,诉讼程序就会变成宗教裁判、冷酷无情,法官就会获得太大的权力,并且干涉公民最为微细的私人事务。这两种极端在实现中都存在着实例,而且经验证明,如果说后面描述的这种极端过窄地和违法地限制着自由,那么,前面提出的那种极端则对财产安全是不利的。

为了调查研究真相,法官需要有识别真相的标志,需要取证手段。因此有人认为,如果发生权利争执,只有当能在法官面前提供权利证明时,一项权利才能获得有效的适用性,这种看法为立法提供了一种新的视角,即从中产生制订新的、限制性法律的必要性,也就是说,制订这样一类法律,它们要求必须为所审理的事情提供一些将来能够认识其真实性或者有效性的特征。随着法院规程完善程度的提高,制定这类法律的必要性的程度就随之下降;但是,在最缺乏法院规程的地方,因而也是在法院规程需要最多的外部迹象来证明的地方,制定这类法律的必要性最大。所以,人们可以在最未开化的民族中发现大多数惯例。在罗马人那里,物主要求归还一块被占有的田地的权利时,调查程序的发展是阶段性的:起初要求诉讼双方都要到那块田地,然后要求带回那块农田的一块泥土到法庭,随后才是要求庄严的宣誓,最后连宣誓也不要求了。因此,法院的规程处处都对立法有着十分重要的影响,在不太开化的民族里尤其如此,这种影响远不是局限在纯粹的惯例上。我在这里不想举例,而是要提醒记住关于条约和契约的罗马学说,尽管迄今为止,它还很少得到阐释,它是很难从别的角度来看待的。

研究在不同时代和民族的不同立法中的这种影响,不仅出自很多其他原因,但是可能主要也在于以下这一方面的原因:想从中判断在这类法律中,哪一些法律是一般有必要得到制订的,哪一些仅仅根据当地情况制订。因为取消所有这类限制——哪怕设想有这种可能性——也许是很不可取的,因为一方面,这不太会使欺骗的可能性减少,例如提供假文件的可能性;其次,诉讼案件会大量增加,或者说通过激起无用的争端破坏他人安宁的机会会变得太多样化,因为这样做也许本身似乎还没有什么害处。不过,恰恰是通过诉讼案件表现出来的争胜好斗、惹是生非——撇开它对公民的财富、时间和心性的宁静还会造成损害不讲——对于性格也具有最不利的影响,而且甚至恰恰不能通过有益的结果来补偿这些缺点。与此相反,拘泥于形式的害处是造成审理事务的困难和限制自由,这在任何情况下都是令人担忧的。

因此,法律在这里也必须采取一条中间道路,永远不得从另一种角度来规定各种死板的形式,只能保障审理事务的有效性和防止欺诈,或者为提供证明创造方便;即使在这方面,也只有在根据个别的环境有必要规定刻板形式的地方,在没有这种形式时就很容易担心会有那样的欺诈和很难提供这种证明的地方,才要求有死板的形式;除了形式外,只能规定一些执行起来没有太大困难的规则;在所有那些由于有规定处理事务反而更加困难,而且会成为根本不可能的情况下,应该摒弃这些规则。

因此,若要同时适当考虑安全和自由,似乎必须实行下列原则:

1.国家最优先的义务之一就是调查和裁决公民权利的争端。这时,国家进入到争执各方的位置上,国家站在中间的真正目的仅仅在于一方面要保护争执各方不受不义要求的损害,另一方面要坚决支持正义的要求,否则,如果公民们想让自己正当的要求能够得到明确承认,就只能采取一种破坏公共安定的方式。因此,在调查有争议的权利时,只要争执各方的意志仅仅建立在权利的基础之上,国家就必须遵循诉讼各方的意志,但是要防止任何一方采取违法的手段对付另一方。

2.法官对所争执的权利的判决,只能通过事实真相的某些特定的、法律规定的特征来实现。因此必须制订一类新的法律,即制订一些规定赋予法律事务以某些特定性质的法律。在起草这类法律时,立法者一方面总是必须仅仅遵循这样的观点:适当保障法律事务的真实可靠性和在诉讼过程中不给提供证明造成太大的困难;但是,另一方面,要不断注意避免另一对立的极端,避免给法律事务造成太大的困难,最后,在制订法规会彻底妨碍法律事务进程的地方,永远不要颁布什么法令。

第十三章　国家通过刑法法律
对安全的关心

内容提要:国家通过对违反国家法律的惩罚来确保安全的责任——国家必须对之进行惩罚的行为——刑罚。刑罚的标准;绝对的标准:保持应有的有效性的情况下的最大程度的从轻处罚——毫无廉耻的刑罚的有害性。超出犯罪者连坐刑罚的不公正性——刑罚的相对标准。不尊重他人权利的程度——反驳认为采取这种准则会使犯罪经常化和刺激犯罪欲望猛增的原则——不公正性——这种原则的有害性——在治罪严厉方面罪行的一般等级顺序——把刑法法律应用于切实的罪行——在查证期间对付罪犯的程序——审查国家在多大程度上可以预防罪犯的问题——回答这个问题和前面界定仅仅涉及行为者本人的行为之间的不同——根据犯罪的一般原因概述防范罪犯不同的、可能的方式——缺乏手段容易导致犯罪,这些方式中的第一种弥补这种缺乏手段的方式是有害的和无益的——第二种旨在排除蕴藏于性格之内犯罪原因的方式更为有害,因此同样是不可取的——把这种方式应用于针对实际的犯罪。罪犯的悔过自新——处置免予诉讼的罪行——防范犯罪的最后方式;排除作案的机会——把这种方式局限在仅仅防范已经下决心犯罪行为的发生——与此相反,为了防范犯罪,必须用什么来

取代那些不受欢迎的手段——对已犯下的罪行最严格的
监督和毫不治罪的罕见事例——赦免法和宽大法的有害
性——揭发罪行的措施——不加区别地公布一切刑事法
律的必要性——从这一章得出的最高原则

　　关心公民安全最后的和也许是重要的手段是惩罚对国家法
律的违犯行为。因此,我对这一论题仍必须应用前面阐明的原
则。在这里产生的第一个问题是:国家可以惩罚哪一些行为,也
就是说,可以把哪一些行为作为罪行提出来。根据前面的论述,
回答是轻而易举的。因为国家追求的终极目标无非是公民的安
全,因此,除了那些违反这个终极目标的行为外,国家也不允许限
制其他的行为。然而,也可以对这些行为进行就整体而言适当的
惩罚。因为它们恰恰破坏着对于人来说在享受和培养他的力量
方面最不可或缺的东西,它们的危害极端严重,不能用任何适当
的和许可的手段来对付它们,因此根据权利最基本的几条原则,
惩罚在某种程度上广泛地干预着他的权利范围,犹如他的①罪行
已经侵犯他人的权利范围一样,对此,任何人都不得不接受。
　　与此相反,对于那些仅仅涉及行为者本人的行为或者得到行
为所涉及的人同意的行为,那些根本不许限制这类行为的原则,
恰恰禁止对它们进行惩罚;因此,不仅任何所谓的肉体罪行(强迫
管教除外)都不许进行惩罚,不管它们是否引起愤怒,都不得进行
惩罚,自杀等等也是一样。而且得到被杀人同意的杀害本来也仍
旧是不必受惩罚的,如果不是在后一种情况下,太容易被危险的
滥用使得人们有必要制订一条刑法的话。
　　除了那些禁止直接损害他人权利的法律外,还有另一类不同
的法律,这类法律在前面已经部分考虑到过,部分还将提及。然

---

　①　这句话的两个"他的"与前面那个"他的"一样,均指"人的"。——译者

而,因为尽管对于为国家普遍规定的最终目的,这类法律也仅仅间接地争取达到那种意图,因此在这类法律里也可能出现国家的惩罚行为,只要并非仅仅是对它们的违犯,就会直接带来国家的这种惩罚行为,例如违反禁止分割财产权①的规定使得所享有的继承权无效。在这方面,一般来说完全缺乏一种强制手段来使法律得到遵守,这样做就更加必要。

现在,我从论述刑罚对象转入论述刑罚本身。我认为,在一篇一般的、根本不联系地方情况的推论里,对刑罚的标准哪怕仅仅做出十分泛泛的规定,哪怕仅仅界定永远不许超出哪些界线的程度,都是不可能的。刑罚必然是一些坏事,威慑罪犯的坏事。但是,正如身体和道德的感觉十分不同一样,随着地方和时代的不同,刑罚的轻重程度也是千差万别和变幻不定的。因此,在一个特定的个案中有理由称之为残酷的东西,在另一个个案里可能本身是必要的。只有一点是肯定无疑的:刑罚的完善总是——不言而喻,这是指在同样有效的情况下——随着刑罚的宽大程度一起并进。因为不仅各种宽大的刑罚本身是较少的弊端,它们也以最符合人的尊严的方式引导着人离开犯罪行为。因为它们在身体上引起的痛苦越少,越少一些恐怖,它们就越是符合道德;与此相反,巨大的身体苦难在受难者本人身上减少耻辱感,在旁观者身上则是减少厌恶感。因此,温和的刑罚在实际上可能更经常被应用,比起初看来似乎可以允许的要更经常得多,因为在另一方面,它们具有一种替代性的、道德的抗衡分量。

从根本上讲,刑罚的有效性完全取决于惩罚给罪犯心里留下的印象,几乎可以断言,在一系列适当划分的量刑等级里,刑罚都是一回事儿,不管在什么等级里,人们都仿佛处于最高的等级。

---

① 指禁止遗嘱规定把财产受益权指定给一位非遗产继承人,并在受益权终了后归由继承人继承的规定。

因为一种刑罚的作用在实际上既不取决于它的性质本身，也不取决于它在各种刑罚整个阶梯上所处的位置，人们很容易把国家对所解释的刑罚看作是最高的刑罚。当然，我几乎想说，只有当国家的刑罚是威胁公民的唯一弊端时，这种看法才是完全正确的。

与此相反，因为情况并非如此，毋宁说，往往恰恰是非常实际的弊端促使他去犯罪，所以制订最高刑罚和一般刑罚的标准，当然必须注意这些应该认真对付的刑罚弊端。但是，在公民享有一种巨大自由的地方，正如这几页文章在努力为他保障的一样，公民也将生活在一种更高的富裕水平之中；他的心灵将会更为轻松愉快，他的幻想将会更为动人，而刑罚将能够在严厉方面有所松弛，又不丧失其效果。于是，千真万确，一切善良和令人幸运的东西都会处于令人惊叹的和谐之中，仅仅需要做一件事，即享受一切其他东西所带来的幸福。因此，我认为，在这个问题上可以确定的东西仅仅是：最高的刑罚必须是根据各地的情况尽可能宽大的惩罚。

我相信，只有一类刑罚必须彻底排除，这就是让人完全丧失名誉、毫无廉耻的刑罚。因为一个人的荣誉，他的同胞对他的良好口碑，绝不是某些国家掌握在其权力之中的东西。因此，无论如何，这种刑罚仅仅归结为：国家剥夺罪犯对他的尊重和信赖的种种特征，并准许其他人也同样可以这样做而不受惩罚。尽管不能说，在国家认为有必要的时候，不得利用这种权利，而且甚至它的责任可能要求它有必要这样做，但是，我认为，普遍声明它想这么干是绝对不可取的，因为首先，这种声明是以受惩罚者身上的不义行为中某种一贯性为前提的，但至少在经验里，在实际上很少会有这种干坏事的一贯性；其次，这种声明即使采取最温和的形式，即使它仅仅表现为国家正当的不信任的声明，也总是不太确定，本身无法不给某种滥用留有余地，由于这些原则的一贯性，至少本身就往往不会不涉及比事实本身需要更多的个案。因为根据情况的不同，对一个人可能抱有的种种信任是无限多种多样的，因此在所有的罪行中，我几乎不知道哪怕有唯一的一种罪行,会使罪犯一下子变得不能获得任何一种信任。但是,一种泛泛的表达总是会导致出现这种情况,人们一般只会在适当的场合才会回忆起某一个人违犯这项或那项法律,现在,这个人却处处带着一种有失身份的标志,丧失尊严。然而,这种刑罚是多么严酷啊,失却他的同胞的信赖,生活本身就不再是值得的,肯定没有人会认为这是陌生的感觉。

在更详细地应用这种刑罚时还会表现出若干困难。本来,凡是在缺乏诚实正派的地方,结果处处都必然是对诚实正派表示不信任。不过,这种刑罚会扩大到多少个案上去,人们是一目了然的。在这种刑罚应该持续多久的问题上,困难也并不小一些。毋庸争辩,任何有公正思想的人都会想把这种刑罚扩展到一定的时间上。然而,法官能够办到,让一个长期背负着他的同胞们不信任的人,在某个特定的日子结束之后,一下子重新赢得他们的信任吗?最后,根据在这整篇论文里所表述的原则,国家哪怕仅仅想以某种方式给公民的舆论规定某种特定的方向,也是不适当的。

因此,依我的浅见,国家最好仅仅保持在它应尽责任的界线范围之内。当然,国家有义务保障公民不受令人怀疑的人的侵犯,因此,在可能有此必要的地方,如聘任职务、证人的有效性、监护人的能力,等等,国家处处都要通过明确的法律加以规范,谁犯过这种或那种罪行,受过这种或那种刑罚,就应该排除在外;但是,除此而外,根本不得包含任何进一步的、一般的、不信任的或者甚至令人丧失名誉的声明。倘若这样做了,也许可以轻而易举地规定一定的时间,时间一过,这样一种异议就不应该再有效了。

此外,依然总是允许国家通过进行辱骂的惩罚对荣誉感施加影响,这当然无须再提醒注意。同样,我无须重复强调,当然不得容忍任何除了罪犯个人之外株连他的子女或亲戚的刑罚。公正和公平以同样强烈的声音反对这种刑罚;甚至连从任何角度考虑无疑都十分优秀的《普鲁士法典》在处理这类刑罚时所表现的小心谨慎都未能缓解总是存在于事情本身里的严厉。①

　　如果说人们对刑罚的绝对准则不许可作出普遍的规定,那么与此相反,在刑罚的相对准则方面,普遍的规定就更加必要了。亦即必须确定,对各种不同的罪行所规定的刑罚程度赖以作界定的东西究竟是什么。我想,根据前面阐述的原则,这不可能是别的,仅仅可能是在一桩罪行里蔑视他人权利的程度,因为这里谈的不是把一项刑法应用于一个个别的罪犯,而是谈论刑罚一般的界定,因此必须根据罪行所侵犯的权利性质进行评判。也就是说,最自然的界定是防止该罪行发生的难易程度,因此,刑罚的轻重必须根据驱使犯罪或阻遏犯罪的各种理由的数量来判断。不过,倘若这条原则被正确理解,那么,它与刚刚提出的原则是一回事儿。因为在一个秩序井然的国家里,在不在于宪法本身的情况引发犯罪的地方,不可能会有其他的根本原因,只能是那种对他人权利的蔑视,刺激犯罪的欲望、倾向和激情等利用了这种对他人权利的蔑视。

　　然而人们认为,如果人们对前面那条原则做不同的理解,必然总是会在这样的程度上用重刑来对付犯罪,即地区或时代的环境使重刑越来越多,在这个程度上,用重刑对付犯罪,或者根据罪行的性质(正如在某些治安犯罪中情况就是如此),道德越来越没有迫切的理由去反对它们,因此,这量刑尺度是不公正的,同时也是有害的,它是不公正的。因为尽管至少在接受防止未来发生侵犯(他人权利)作为一切刑罚的目的,规定不得基于其他目的进行惩罚方面,它是正确的,但是,被冒犯者有责任容忍惩罚,这种责任本来渊源于任何人看到他的权利受到他人的侵犯,而他在同样程度上也侵犯他人的权利,这种情况都不得不逆来顺受。

----

①　见第二部分第 20 章第 95 条。(普鲁士国家普通法的这一条规定:"这类叛国者不仅要丧失他们的全部财产和他们的整个公民的荣誉,而且要承担他们的子女不幸的罪过,如果国家为了避免将来有危险,认为有必要把他们的子女长期囚禁或放逐的话。"——德文版编者注)

　　不仅在国家结合之外的这种义务,而且在国家结合之内的这种义务,都是建立在此基础之上的。从一项相互间缔结的契约引申这种义务不仅是无益的,而且也有困难,例如那种有时候和在某些地区环境下显然必要的死刑,在国家法令之内履行这一义务时其理由就很难成立,任何罪犯如果在他受到刑罚之前就宣告脱离社会契约,都可能免受刑罚,例如在古代自由国家里的自愿放逐。然而,如果我的记忆没错的话,只有在触犯国家的罪行而不是侵犯私人的罪行,才容忍这种自愿的放逐。因此,根本不允许冒犯者本人考虑刑罚的有效性,即使还可以肯定,被冒犯者不必担心他的第二次冒犯,但是无论如何,冒犯者必须承认刑罚的合法性。不过,另一方面,恰恰是从这条原则也可能得出结论,他也可以合法地反抗任何超出他罪行数目的刑罚,犹如也是肯定无疑的那样,只有这种刑罚才会是十分有效的,当然不是更为宽大的惩罚。

　　至少在人的理念里,在权利的内在感觉和外在幸福的享受之间,存在着某种不可否定的相互联系,而且无须否定,有人认为,由于有前面的那种感觉,他就有权进行后面的那种享受。他的这种期待是否说明命运赋予他或者拒绝给他幸福的意图——一个当然是更加令人怀疑的问题——不得在这里讨论。不过,考虑到其他人可能有随心所欲地给予他或者剥夺他的幸福的意图,他对这种意图的权限必须得到必要的承认;因为与此相反,那条原则至少在实际上似乎是否定这种权限的。

　　不过除此而外,那条准则甚至对安全本身也是有害的。因为即使它像这种或那种具体的法律一样,也许可能强制人们服从,但是,它恰恰把构成一个国家里公民安全最牢固基础的东西搞乱了:道德感,因为是它促成罪犯对他得到的处置和他自己的过错感产生思想认识。

　　尊重他人的权利是防范犯罪唯一可靠和万无一失的手段;一旦不是每一个侵犯他人权利的人在行使他自己的权利时恰恰在

同等的程度上受到阻止,那么不平等就会或多或少地存在着,人们也就永远无法实现这种意图。因为只有这样一种对等一致能在人内在的道德培养教育和国家措施的开展之间保持和谐,没有这种和谐,即使是最巧妙的立法也永远不能达到其终极目的。

但是,在执行上述准则时达到人的其他终极目的有多么艰难,执行上述准则要同在这篇论文里提出的原则展开多么激烈的辩论,在这里无需作进一步的论述。

刚刚阐明的各种理念所要求的罪行与惩罚之间的对等一致又不能绝对肯定,不能普遍地说,这种罪行或那种罪行应该只受这种或那种刑罚。只能在针对一系列程度不同的罪行时,规定要注意保持这种对等一致,因为为这些罪行规定的刑罚必须以相同的程度划分等级。因此,如果说根据前面论述规定各种刑罚的绝对标准,如最高刑罚的标准,必须视所造成的恶事的必要数量而进行,而这种规定对于防范未来的犯罪是必要的,那么,其他刑罚的相对标准则必须根据它们所适用的罪行程度确定,如果前面那种刑罚或者干脆一种刑罚一旦被确定下来的话,而且这种罪行程度的相对标准是这些其他的刑罚所针对的罪行,那么会比前面那种首先进行刑罚的罪行大多少或小多少。

因此,较严厉的刑罚必须打击那些切实干涉他人权利范围的罪行;较宽大的刑罚则用于对付那些违反仅仅是为了防范犯罪的法律的案件,不管这些法律本身有多么重要和多么必要。这样一来,同时就会避免在公民当中出现这种想法:他们从国家得到一种更加随心所欲的、变化不定的处理——这是一种偏见,如果严刑被应用于一些实际上对安全只有一种很间接影响或者它们相互之间的关系不易观察到的行为上,这种偏见特别容易产生。在前面最先提到的罪行中,对于那些直接地而且恰恰是侵犯国家本身权利的罪行,必须进行最严厉的惩罚,因为不尊重国家的权利的,也不可能尊重其同胞的权利,他们的安全完全取决于国家的权利。

　　如果说罪与罚是以这种方式由法律普遍界定的,那么,这种既定的刑法就必须应用到各种具体的罪行上去。在作这种应用时,权利的基本原则不言而喻地说明,刑罚只能根据罪犯的作案动机或过错的程度来打击罪犯。但是,如果说上面所提出的原则,即不尊重他人权利的行为总是应该受到惩罚,而且只有这种行为应该得到惩罚的原则,应该得到不折不扣的遵循,那么,在惩治各种具体的罪行时,也不许忽略这项原则。因此,对任何已经犯下的罪行,法官必须努力尽可能地研究罪犯的意图,并且通过法律,使自己还能够根据罪犯个人冒犯和无视权利的程度,对普遍的刑罚作修正。

　　对于在调查过程中对罪犯采取的程序,我们同样既能在权利的基本原则中也能在前面的论述中找到它特定的规则。即法官必须应用一切合法的手段来查明真相,与此相反,不许使用任何处于权利界线之外的手段。因此,他首先必须把仅仅受到怀疑的公民小心谨慎地同被证明有罪责的罪犯区分开来,永远不许像处置后者那样来对待前者①;不过,也永远不能在享受人权和公民权方面伤害被证明有罪的罪犯,因为只有随着生命的终止他才能丧失前者,只能通过符合法律的、由法官判决把他开除出国家的联合体,他才会丧失后者②。因此,同样不允许应用包含着真正欺骗的手段,犹如不得使用拷打一样,因为如果说人们可能用嫌疑犯或者甚至是罪犯本人由于他自己的行为使人们有权利这样做的托词来为应用欺骗手段开脱责任,但欺骗的手段对于法官所体现的国家尊严永远是不恰当的;包括对待罪犯采取坦然和正直的态度,对于民族的性格将会带来多么健康有益的结果,这不仅本身是再显然不过的,而且那些在这方面享有崇高立法声誉的国家的经验也提供了证明,例如英国的经验。

---

①　这句话的"后者"指"被证明有罪的罪犯","前者"指"受怀疑的公民"。——译者
②　"前者"指"人权","后者"指"公民权"。——译者

最后，我必须利用讨论刑法的机会，再试图审视一个问题，尤其是由于新近立法的努力，这个问题变得至关重要了，即国家在多大程度上拥有权限或者负有义务，还在罪行发生之前，就先发制人，防止犯罪的发生。任何其他的行为都难以得到同样与人为善的意图的指引，这种行动必然令每一个有感觉的人都感到重要，这种重视因此会威胁着调查的不偏不倚。然而，尽管我并不否认，这样一种调查是非常必要的，如果人们考虑到心绪的无限丰富多彩，从形形色色的心绪中可能产生出犯罪的企图，因此我认为，想阻止这种企图是不可能的，同时，不仅如此，而且哪怕仅仅是先发制人，阻止犯罪，对于自由来说也是令人担心的。

因为我在前文里［参阅（原文）第120—131页］业已试图界定国家限制个人行为的权利①，所以似乎可以认为，我已经与此同时回答了当前的这个问题。不过，如果说我在那里指出，国家必须限制那些其后果可能容易危害其他人的权利的行为，那么，我所理解的是——正如我借以努力支持这种论断的各种理由很容易表明的那样——这样一些后果，它们自身仅仅是由有关行为所产生的，只要行为者更加小心谨慎，就能避免这类后果。与此相反，如果谈论的是防范犯罪，那么，人们当然仅仅谈论限制一些从中很容易产生出第二种行为，即犯罪行为的行为。因此，这里重要的区别在于，在这里，行为者的心灵必须通过一种新的决心切实参与发挥作用；与此相反，在那里，行为者的心灵或者根本不可能具有影响，或者仅仅由于贻误行动，具有一种消极的影响。我希望，仅仅这一点就足以清楚地表明两者的界线。

于是，任何防范犯罪都必须以犯罪的原因为出发点。然而，如此多种多样的原因，也许可以通过那种不能借助理智的种种理由加以适当限制的不协调的感情而用一个普遍的公式来表达，这

———————

①　见第十章末。——译者

种不协调是行为者各种内心喜好和处于他的力量支配之下的各种合法手段的数量之间的不协调。出现这种不协调时，虽然具体地界定十分困难，但是一般而言，至少可以把两种情况相互分开：首先，不协调产生于内心确实过度的喜好，其次，它产生于拥有哪怕用一般的尺度来衡量也太少的手段，即因力不从心而产生失调。此外，这两种情况必然还伴随着缺乏强有力的理性理由和道德感情，这就无法阻止那种不协调爆发为违法的行为。因此，国家想在罪犯身上通过制止其犯罪的原因来防止犯罪的任何努力，根据所提到的两种情况的不同，或者必须旨在改变或者改善可能容易迫使导致犯罪公民的处境，或者必须旨在限制一般会导致践踏法律的内心倾向，或者最后，必须旨在更加有效地强化理智的各种理由和强化道德感。此外，最后还有另外一条防止犯罪的途径，即法律上减少那些容易确实进行犯罪的机会，或甚至有利于爆发违法倾向的机会。对于这些不同的先发制人防止犯罪的方式，不许把其中任何一种排除在当前的审查之外。

　　第一种方式仅仅旨在改善引起犯罪的环境，在所有的方式中，它带来的害处似乎最少。提高力量和享受手段的丰富程度，本身就是造福于人的；人的自由发挥作用不会因此而直接受到限制；诚然，如果说在这里不容否定地必须承认我在这篇论文开头时把它们描绘为国家关心公民物质福利的影响的一切后果，那么，它们在这里仅仅在很小的程度上出现，因为这样一种关心在这里仅仅涵盖少数几个人。不过，这种后果总是确实发生；恰恰是内在道德精神同外在环境的斗争不复存在了，而且随着这种斗争的结束，它对行为者的性格坚定性和对整个公民相互支持的善良愿望的有益影响也不复存在了；正是这种关怀必然仅仅涉及某些个人，才使得国家必须关照公民个人的环境——全然是短处，只有这样的信念能使人忘却这些短处：没有这样一种机制，国家安全将会受到损害。

　　然而我想，恰恰是这种必要性可以受到有道理的怀疑。在一个国家里,如果它的宪法本身不会置公民于紧迫的处境下,毋宁说,国家为公民保障了像这几页文章试图推荐的这样一种自由,那么在这里,从根本上讲几乎不可能形成所描绘的那类处境,几乎不可能不会从公民自身的自愿帮助——而没有国家的参与——中找到一些拯救办法;此时,原因必然就存在于人本身的行为举止上。

不过在这种情况下,国家居间调停,进行斡旋,干扰着事情的先后顺序,这是不好的,事物的天然进程会让由人的行为之中产生事情的排列顺序。至少,这类环境只会很少出现,根本不需要国家自己插手其间,国家插手进行干预,弊大于利,在作了前面的所有这些论述之后,已经不必对国家插足其间的害处再一一作剖析了。

关于努力防范犯罪的第二种方式,赞成和反对的理由恰恰针锋相对,相互较量,这一方式就是反对那种力争对人本身的喜好和激情施加影响的方式。一方面,采取这种方式防止犯罪的必要性似乎大一些,因为在自由较少受束缚的情况下,人们会更加放肆地纵情享受,会进一步贪得无厌,但是与此相反,对他人权利的尊重总是随着自己更大的自由而日益增进,这种尊重也许对之发挥作用不够。然而在另一方面,道德的本性比身体的本性对任何枷锁的感受都更为沉重,随着沉重程度的上升,害处也在以同等程度增加。

国家旨在改善公民社会习俗的努力既是不必要的,也是不可取的,其理由我在前文里已经尝试作了阐述。正是这些理由现在在这里又全部出现了,差别仅仅在于,国家在这里不是想从根本上改造社会习俗,而是仅仅想对个人危害守法的行为施加影响。不过,恰恰由于这种差异,害处的数量在不断增加。因为这种努力并不普遍发挥作用,因而必然较少达到它的终极目的,因此,努力谋求单方面的好处甚至抵偿不了所造成的损害;此时,这种努力不仅以国家关心各种个人的私人行为为前提,而且也要有一种对此施加影响的权力为先决条件,由于权力必须托付给一些个人,这种权力还会变得更加令人忧心忡忡。也就是说,此时必须把对所有的公民或者隶属于他们的所有人的行为举止以及从中产生的地位进行监督的任务,交托给国家为此专门任命的人员或现有的公仆。然而这样一来,将会实行一种新的和更加咄咄逼人的统治,几乎没有任何一种其他的统治会如此令人感到窒息;会给轻率的好奇心、片面的不宽容、甚至虚伪和弄虚作假留下活动空间。

在这里,请别责怪我仅仅描绘(国家的关心)被滥用的种种情况。在这里各种滥用是与事情本身息息相关、密不可分的;而且我敢冒昧断言,即使这类法律是最好和待人最友善的法律,即使它们只许监督者通过合法的途径进行侦察,只许使用一些没有任何强迫的建议和告诫,并且最严格地遵循这些法律,这样一种机制也既无用,又有害。

任何公民只要不逾越法律,他就必须能够不受干扰地行动,随心而为;不管第三者可能如何评判,任何人都必须拥有权利对他们和自己断言:不管我是多么接近践踏法律的危险境地,但我不会去践踏它。如果他的这种自由受到贬损,人们就违犯他的权利,就损害他的能力的培养,损害他的个性发展。因为道德精神和合法性所能塑造的形态是无限不同和多姿多彩的;倘若有一位第三者决断,这样或那样的举止必然会导致违法行为,他就追随他的看法,哪怕这种看法在他身上是多么正确,但总只不过是一种观点。但即使假定他并没有错,结果甚至证实他的判断,而另外一个人顺从强迫或者建议,没有自己的内心信念,这次没有逾越法律,要是没有追随他的观点,他本来会践踏法律的,那么,即使如此,对于违法者本人会更好一些,他会感到惩罚的危害,他会从经验中得到单纯的教训,否则,他虽然逃脱这样一次害处,但他的思想没有得到纠正,他的道德感没有经受磨炼;然而,对社会也好一些,多一次违法会破坏一点安宁,但随之而来的惩罚有助于提供教训和告诫,否则,安宁虽然这次未受干扰,不过公民的整个安宁和安全赖以建立的基础即尊重他人的权利,其尊重程度本身既没有确实变得大一些,也没有增加和得到促进。总的来说,这样一种机制将不会容易具有已经提到的作用。正如一切手段恰恰不是溯及所有行为的内在渊源一样,仅仅通过这种机制将会形成与法律针锋相对的贪欲的一种不同的发展方向,并恰恰会产生双倍有害的隐瞒遮盖。

在这里,我的前提一直是:这里所谈的事情所涉及的个人并没有产生信念,而是仅仅由于一些奇特的原因而发生着作用。仿佛我可能没有理由假设这个前提。不过,通过有影响的范例和令人信服的建议来影响他的同胞和他们的道德精神是很有益的,使人一目了然,比起着重地重复更加令人豁然开朗。因此,凡是在那种机制产生这样结果的地方,上面的推论不可能针对这些情况中的任何一种情况。

不过我认为,为此所做的一条法律规定不仅是一种无益的手段,而且甚至是一种适得其反的手段。首先,法律就不是推荐美德的地方,而是仅仅规定可以强加的义务的地方,而且那种只有每人都乐于自愿实践的美德,(在法律里)往往将会因此而丧失。其次,一项法律的任何请求和一位上司根据法律提出的任何建议都是一种命令,虽然在理论上人们不是必须服从这种命令,但在实际上总是服从它。最后,对此人们还必须预计很多情况,这些情况会迫使人们完全背离自己的信念,听从这样一种建议,而且人们还必须预计到很多兴趣爱好,可能会鼓动他们彻底违忤自己的信念,完全依照这样一种建议去行事。

国家对那些掌管它行政事务的人一般具有这种影响,国家力图通过这种影响同时去影响其余的公民。因为这些人通过特别的契约与国家结合在一起,所以当然毋庸否认,国家对他们比对其余公民可能行使更多的权利。不过,如果国家仍然忠于最高尚、合法的自由原则,那么,除了要求公民履行一般的公民义务和那些他们的职务所必需的特殊义务外,国家也不会企图对他们提出更多的要求。因为显而易见,如果国家依仗他们的特殊关系企图从前者那里得到国家恰恰无权强加给公民的东西,那么,国家就会对整个公民施加一种太过强大、正面的影响。没等国家采取真正、正面的步骤,在这方面,人们的热情已经不由自主地过多地抢先于它,哪怕仅仅努力防止从这些热情中产生的害处,就会足够磨平它的热心和它的锐意。

对那些由于确实践踏过法律而引起对未来正当忧虑的人,国家更有进一步的理由,通过遏制蕴藏于性格之内的犯罪原因来防止犯罪。因此,那些较新的最富于杰出思维的立法者们,也企图使刑罚同时变为改邪归正的手段。毋庸置疑,不仅一切对罪犯的道德精神可能有害的东西当然必须排除在罪犯的刑罚之外,而且任何一种只要与刑罚最终目的不背道而驰的手段,都必须听任他们用来纠正他们的理念和改善他们的感情。不过,也不许强行对罪犯进行教训;如果说教训正因如此而丧失其益处和效用,那么,这样一种强迫也违背罪犯的权利,罪犯除了忍受合法的刑罚痛苦之外,永远不能受到更多的约束。

还有一种十分特殊的情况,即被告虽然有很多于己不利的原因,不能不招惹对自己的强烈怀疑,但没有足够的理由被判决[免于诉讼(Absolutio ab instantia)]。此时,如果给他享有无可指责的公民所享有的充分自由,就会引起对安全关心的疑虑,因此,继续对他的行为举止进行监督当然是必要的。正是使国家任何积极的努力都会令人忧心忡忡的种种理由,以及只要可能,就宁愿倡导用公民个人的活动取代国家的活动的种种理由,在这里也应该让由公民自愿承担的监督优先于国家进行的某种监督;因此,也许让这种涉嫌的人员提供可靠的担保会更好一些,而不是把他们交给国家进行直接监督,国家的直接监督只有在缺乏担保时才予以采用。英国的立法也提供这类担保的范例,虽然这类范例不是针对这种情况,而是针对类似的情况。

防范犯罪最后的方式是,并不想对犯罪的原因施加影响,而是仅仅致力于防止犯罪的确实发生。这种方式对自由的害处最少,因为它最少对公民产生一种正面的影响。因此它也或多或少允许作广泛的限制。国家可以满足于对任何违法的意图保持最严厉的警惕,在意图实施之前就制止它,防患于未然;或者国家可以更向前进一步,禁止一些本身无害的、但是一般容易引起进行犯罪或已经决心犯罪的行为。后面这种做法再次干预着公民的自由,显示着国家对他们的不信任,这种不信任不仅对他们的性格,而且也对所预期的目的都具有有害的后果,而且基于我已经提出的、似乎未敢苟同的防范犯罪的方式,这种做法是不可取的。因此,国家许可做的、并且能够卓有成效地达到它最终目标的和对公民的自由没有损害的一切,仅限于前者,即限于最严格地监督任何已经确实发生的对法律的践踏或者决心要对法律进行践踏的行为;因为后者并非能在本来意义上称之为对犯罪防患于未然,因此我认为可以断言,这样一种先发制人的防范完全处于国家作用的界限之外。

但是正因如此,国家必须更加孜孜不倦地深思,不让已经犯下的罪行不被发现,不让已经发现的罪行逍遥法外,不受惩罚,甚至也不让比法律所要求的量刑更加从轻发落。因为公民通过不断的经验确信,干涉他人的权利又不必忍受自己的权利受到一种恰恰相当的损害,对他们来说是不可能的;我认为,这种信念既是公民安全的唯一防护墙,又是阐明不可侵犯地尊重他人权利的唯一可靠的手段。同时,这种手段也是按照符合人的尊严的方式对人的性格发挥作用的唯一方式,因为人们不得直接强迫或引导人去行动,而是必须通过按照事物的本性必然会从他的举止中产生的后果来教育他。

因此,我只想建议,不要所有那些更加笼统拼凑的和更加人为巧妙设想的防止犯罪的手段,只要有良好的和深思熟虑的法律,要有在其绝对的准则上完全适合当地情况和在其相对准则上完全适合罪行的伤风败俗程度的刑罚,要尽可能精心细致地侦察每一项已经发生的对法律的践踏和排除任何哪怕是由法官判决的刑罚的宽大可能性，除此而外，我将永远不会建议采取别的措施。如果说我并不想否定这种当然十分简单的手段发挥作用缓慢，那么与此相反，它发挥作用则是万无一失的，对自由没有害处，而且对公民的性格有着健康有益的影响。

我无须更长久地停留在论述这里提出原则的各种后果上，例如停留在已经常常指出的事实上：国家的统治者的赦免法、甚至是宽大法都必须彻底停止实施。这些后果可以不费吹灰之力就能从中产生。

国家必须采取更为详细的措施去侦破已经犯下的罪行，或者先发制人防止才下决心将要发生的罪行，这几乎完全取决于特殊情形里个人的环境。这里只能做出一般的界定：国家在这里也不许超越它的各种权利，因此不许采取任何与公民的自由和家庭的安全完全背道而驰的措施。与此相反，在最容易发生犯罪行为的公共场所，国家可以提出自己的监督人员，规定设置监察官，让他们根据职务处置涉嫌人员。最后，通过法律让所有公民承担义务，在这件事务上帮助它，不仅要揭发已决心要犯、但尚未发生的罪恶，而且要告发业已犯下的罪行和作案者。不过对于后者，国家必须总是仅仅作为义务来要求，不得通过表彰或者实惠加以刺激，以免对公民的性格产生有害的影响；国家甚至必须给那些可能未能履行义务的人免除这种义务，又不要因此而扯断最为密切的纽带。

最后，在结束这个问题的论述之前我还必须指出，所有的刑法法律，不管是那些规定刑罚的法律也好，也不管是那些规定程序的法律也好，都必须毫无区别地对所有公民公布。虽然有人已经多次提出相反的看法，他们利用这样的一种理由：不得让公民进行选择，仿佛是权衡用刑罚的害处来换取违法行为的好处的利弊。不过，假定也有长久保密的可能性，即使在作这种考虑的人身上这样一种利弊权衡是多么缺德，国家也不许阻止人们进行这样的权衡,从根本上讲,一个人也不许阻止另一个人进行这种权衡。我希望——在前文已经充分指出,人本身除了因犯罪而受的刑罚之外,任何人也不许给另一个人增加比刑罚还要多的害处。因此,如若没有法律的规定,罪犯必然会有很多的期待,如同对待他的罪行一样,他大致也会这样认为;因为这种估计在若干人身上可能结果会十分不同,因此非常自然,人们通过法律确定一项固定的准则,也就是说,虽然不是通过一项契约来阐明受到刑罚的责任,但规定在治罪时不得随心所欲逾越一切界线。

然而,在侦察罪行的程序上,这种保密更加不公正。毋庸争辩,保密毫无用处,只能是有助于引起人们对要采用某些手段的担心,而连国家本身都认为不许使用这些手段;国家永远不得通过引起这样一种担心来发挥作用,这种担心只能有助于公民们保持对其权利的无知,或者对国家是否会尊重其权利的不信任。

现在,我从前面所阐明的推论中得出任何刑法都必须具备的下述最高原则:

1.维护安全最优先的手段之一是惩罚践踏国家法律者。国家许可对任何侵犯公民权利的行为处以一种刑罚,只要国家自身仅仅根据这种观点制订各种法律,它就可以惩罚违反它的法律之一的行为。

2.最严厉的刑罚只许可根据各个时代和地方的情况尽可能宽大的刑罚。一切其余的刑罚必须依照这种最严厉的刑罚,恰好根据具体情况来决定——即刑罚所针对的罪行是以在罪犯身上不尊重他人权利为前提的。因此,最严厉的刑罚必须打击那种违反国家本身最重要权利的人,不那么严厉的刑罚必须打击那种仅仅违反某个公民的某一项同样是重要的权利的人,最后,更为宽大的刑罚是打击那种仅仅违犯一项其本意在于防范可能犯法的法律的人。

3.任何刑法法律都只能应用于那种蓄意或者过失践踏该项法

律的人,而且只能在他因此而证明不尊重他人权利的程度上给予惩罚。

4.在调查业已犯下的罪行时,国家虽然许可应用任何与最终目的相当的手段,但是相反,既不得利用把仅仅受怀疑的人当作罪犯的手段,也不得使用违反国家也必须对罪犯尊重的人权和公民权的手段,也不得使用会被指责为采取不道德行为的手段。

5.若干防止犯罪于未然的措施,只有在这些措施防止犯罪直接发生时,国家才允可采用。然而,一切其余的措施,哪怕是可能针对犯罪原因的措施或者是想防范一些本身是无害的、但是容易导致犯罪行为的措施,都在国家的作用范围之外。如果说在这条原则和在论述单一的人的行为时(见[原文]128页)提出的原则①之间似乎有某些矛盾,人们千万别忘记,那里谈的是一些其后果可能侵犯他人权利的行为,相反,这里谈的是必须产生出第二种行为才能导致这种效果的行为。也就是说,举例子说明,不能出于防止孩子被谋杀的理由,就禁止对怀孕保密(如果这样,人们必然会把对怀孕保密看作是蓄谋杀害孩子的迹象),但是,也许可以把对怀孕保密看作是一种本身和本来可能危害孩子的生命和健康的行为。

---

① 见第十章。——译者

第十四章　国家通过确定未成年人的关系对安全的关心

内容提要：国家通过界定那些不具有自然或适当人力的人（未成年或失去理智的人）的关系来确保安全的责任——对本章及其前四章的一般提示——这里提到的人和其余公民的区别——对其实际福利关心的必要性——未成年人——父母和子女相互间的义务——国家的义务。成熟年龄的界定；对履行义务的监督——父母死后的监护——国家在这种监护方面的义务——如果可能，把专门履行这些义务的工作交给社区的优点——保护未成年人的权利不受干涉的措施——丧失理智者——他们与未成年人的区别——从这一章得出的一些最高原则——这一章和前四章的观点——当前工作和整个立法理论关系的确定——列举所有的法律都必须赖以为渊源的主要观点——由此产生的、任何立法都必要的准备工作

迄今为止我试图确立的所有原则都是以能够充分利用他们成熟的理智力量的人为前提条件的，因为所有这些原则都仅仅建立在这样的基础之上：永远不许剥夺进行自主思维和自主活动的人在经过考虑一切因素、做过适当审视之后随意决定自己行为的能力。因此，它们不能应用到这样一些人身上，他们或完全丧失理智，如疯子或白痴，或他们的理智尚未达到成熟的阶段。理智

的成熟取决于身体的成熟。因为最后这条准则不管多么不确定，而且准确地说，不管多么不正确，但是普遍而言和对于第三者的判断来说，它可能是唯一适用的原则，所以，所有这些人都需要一种在最真正的意义上对其物质福利和道德健康的正面关心，对于这些人，仅仅从负面维护安全是不够的。

不过，这种关心——比如对儿童即这类人中最大和最重要的一部分人的关心——根据权利的那些原则，已经是某些特定的人的一种财产，即父母的一种财产。他们的义务是对由他们生育的孩子进行教育，直至孩子们完全成熟，而仅仅从这种义务就产生父母的一切权利作为履行义务的必要条件。因此，孩子们获得对他们的生命、他们的健康、他们的财富——如果他们已经拥有财富的话——的一切原始权利，甚至除了父母部分是为了对孩子们自己的培养教育，部分是为了维持新产生的家庭关系认为有必要可以适当地限制孩子们的自由外，不得对孩子们的自由多加限制，而且这种限制仅仅涉及为了他们的培养教育所需要的这段时间。因此，对于强迫进行一些超出这段时间而且其直接后果会波及孩子们整整一生的行为，孩子们永远不许逆来顺受。因此，例如永远不要接受强迫婚姻，或者接受强迫选择某种特定的生活方式。随着成熟期的到来，父母的权力当然就完全停止。

因此，一般而言，父母的义务在于，部分通过个人关心孩子们身体的幸福和道德的健康，部分通过提供必要的手段，使孩子们能够根据他们自己的、但是受到其个人地位限制的选择，开始一种自己的生活方式；与此相反，孩子们的义务在于，做一切必要的事情，让父母能够履行他们的义务。这些义务肯定可能和必然会包含的一切事情恕不在这里一一列举，详细论述。这一切属于立法一种固有的有关立法的理论，而且甚至在这种理论里也不能完全找到它们的位置，因为它们大多数取决于特殊情势下个人的各种环境。

国家有责任关心儿童们对父母的各种权利，保障它们不受侵犯,因此,国家首先必须界定成熟的法定年龄。当然,这不仅由于气候的不同、甚至时代的不同而必然有所不同,而且由于根据个人的地位判断力的要求或多或少有所不同,个人的地位对此无疑也可能具有影响。国家首先必须防止父亲的权力超出其界限,因此,国家要最详尽地监督这种权力,不得松懈。然而,这种监督永远不得从正面给父母规定对孩子要进行某种特定的培养和教育,而总是只能在负面上指出,父母和孩子们相互间必须遵守法律为他们规定的界限。因此,要求父母长久不断地报告(子女的情况)既是不公正的,也是不可取的;人们必须信任他们,他们不会耽误一项他们如此关心备至的义务;只有当发生真正违反这种义务或者很快就会出现违反义务的情况时,国家才有权利去干涉这种家庭关系。

在父母死后,关怀还需(对孩子)进行的教育应该落到谁的肩上,自然法的各种原则规定得尚欠清晰。因此,国家必须详细规定,亲戚当中谁来承担监护,或者如果他们当中没有任何人能够进行监护,应该如何选举其他的一位公民来担任此项任务。同样,国家必须界定监护人资格的必要特点。因为监护人承担着父母的义务,因此他们也得到父母的一切权利;但是,因为他们无论如何,同他们的被监护人的关系没有(像父母)那么密切,所以,他们不能要求得到同样的信任,因此,国家必须对他们倍加监督。因此,可以让他们必须不断提供监护情况报告。

国家越少哪怕间接地施加正面的影响,它就越发仍然忠于在前文里阐述的各种原则。因此,国家必须方便让濒临死亡的父母亲自选择一位监护人,或者通过还在世的亲戚选择或者通过被监护者所属的社区推举一位监护人。国家总是只被允许关心被监护者的安全。总的来说,在这里出现的整个特殊监督工作移交给社区似乎是可取的;社区的举措总是可能不仅更适合于被监督者的个人状况,而且更加多姿多彩,形式也可能不那么单调,但是,一旦总监督工作仍然掌握在国家本身的手中,被监护者的安全就会得到足够的关照。

除了这些机构设置外，国家不仅必须像对待其余的公民一样，保护未成年人不受他人侵犯，而且它在这方面还必须有进一步的措施。前面业已指出，任何人都能够自愿地、随心所欲地就他自己的行为和他的财富做出自己的决定。这样一种自由对于其判断力尚未达到成熟的适当年龄的人来说，从多个角度来看都是危险的。父母或者监护人有权指导被监护人的行为。避免这种危险虽然是他们的工作，但在这一方面，国家必须帮助他们和被监护人自身，并声明其后果可能对他们有害的行为是无效的。国家必须以此进行防范，别让其他人自私自利的意图令他们感到迷惑，或令他们的决定感到意外。凡是发生这种情况的地方，国家必须不仅坚持赔偿损失，而且要惩办作案人；从这种观点看，那些一般处于法律的作用范围之外的行为就有可能是可以受到惩罚治罪的。

在这里，我举非婚同居的例子。根据这些原则，如果与一个未成年人非婚成奸，国家就必须对作案人进行刑罚。然而，因为人的行为要求判断力的程度异常不同，多种多样，判断力的成熟可以说在逐步地增加，因此为了这些不同行为能够具有有效性，同时界定不成熟的不同时期和阶段是有好处的。

这里谈的关于未成年人的问题也可以应用到疯子和白痴身上。区别仅仅在于：疯子和白痴不需要进行教育和培养（因为人们必须努力给他们治病，争取治好他们，这个名称已经证明着这种情况），而是只需要关心和监督；对于他们，首先必须防止别的人可能对他们造成损害；他们一般都处于一种既不能享受其个人力量，也不能享受其自己财富的状态之中，但是，切切不可忘记，因为理智随时都可能在他们身上恢复，仅仅能够暂时剥夺他们对自己权利的行使，而不能剥夺这些权利本身。我当前的意图不容许我对这个问题作更加详细的论述。因此，我可以用下列普遍原则来结束这整个问题：

1.对于那些或者从根本上讲不拥有使用他们的理智力量或者尚未达到为此所需要的年龄的人，需要对他们的身体、智力和道德的健康有一种特殊的关怀。这类人是一些未成年人和丧失理智能力的人。首先论述前者，然后探讨后者。

2.在未成年人方面，国家必须确定未成年的期限。因为要不让未成年期限产生严重的短处，就既不许把它定得太短，也不许把它定得太长，国家必须根据民族状况里的具体环境来界定未成年期限的长短，同时身体发育的完成可以为国家提供大致的（成熟）标志。分成若干阶段，并且逐渐扩大未成年人的自由和减少对他们的监督，这样做是可取的。

3.国家必须监督父母准确地履行他们对孩子们的义务，即只要情况许可，让孩子们在达到成熟之后，能够选择和开始一种自己的生活方式。国家必须监督让孩子们准确地履行他们对父母的义务，即完成父母方面为了履行那些义务所必要的事情，但是，任何人都不得逾越为履行那些义务所赋予他们的各种权利的界限。然而，国家的监督必须仅仅局限于此，任何想在这里达到一种正面的终极目的，如在儿童身上促进这种方式或那种方式的力量的培养，都处于国家发挥作用的界限之外。

4.在父母死亡的情况下，监护人是必要的。因此，国家必须规定指定监护人的方式以及监护人必须具有的资格。但是，国家要尽可能地倡导让父母生前就自己选择监护人，或者让还健在的亲戚来选择监护人，或者让社区来推举监护人。对监护人的行为举止，需要更详尽和双倍警惕的监督。

5.为了促进未成年人的安全和防止人们利用他们缺乏经验、涉世未深和缺乏深思熟虑造成对他们的不利，国家必须把他们自己采取的行为中的那些后果可能对他们有害的行为宣布为无效，并且必须惩罚那些采用这种方式利用他们来谋取私利的人。

6.这里所谈的关于未成年人的一切，也适用于那些丧失理智能力的人,不过包括着事物本身性质所表现的一些差别。在法官监督下由医生做出检查、正式声明某人丧失理解力之前,谁也不许把他看作是这样的人;必须总是把疾病本身看作可能是暂时的,疾病会重新消失(即他的理解力可能会恢复)。

现在,我们已经对国家必须把它的工作扩及的一切对象都做了论述;对于任何一个对象,我都已试图提出一些最高的原则。倘若人们发现这个尝试漏洞百出,缺点重重,倘若人们在这个尝试里寻找很多在立法里的重要材料纯系徒劳,那么,人们千万别忘记,我的意图未曾是提出一种立法理论——这既不是我的力量,也不是我的知识所能胜任的工作——而是仅仅强调这样的观点:立法在其不同的分支里可以在多大程度上扩展国家的作用,或者必须在多大程度上限制国家的作用。因为正如立法可以根据其对象划分一样,立法也可以按其渊源进行分类,也许尤其对于立法者自身来说,后一种分类还能更加卓有成效。

我想,这些渊源——或者让我既更加真实和又更加正确地表达这些主要角度——总共只有三个,从中显示着法律的必要性。一般的立法应该规定公民的行为及其必然的后果。因此,第一个角度是这些行为自身的本质及其仅仅产生于权利的基本原则后果的本质。第二个角度是国家的特殊目的,国家决定限制它自己作用的界线,或者国家决定扩展它的作用所达到的范围。最后,第三个角度产生于国家为了维系国家大厦本身、为了哪怕仅仅能够实现自己的目的所需要的手段。

任何一项可以想象的法律都必须主要考虑三个角度之一作为其主要的固有特点;但是,不可能有任何一项法律不是由所有这些角度结合起来的,恰恰是这种立法观点的片面性铸成某些法律的一个十分基本的错误。从那三种角度也产生出任何一项立法工作都必须完成的三项首先必要的准备工作:

（1）完善、普遍的权利理论。

（2）完善地制订国家应遵循的目的，或者从根本上讲是同一个意思，准确界定国家发挥作用的界限；或者阐明这种或那种国家社会确实遵循的特殊目的。

（3）一种有关国家存在所必要的手段的理论，因为这些手段部分是巩固内部的手段，部分是发挥可能的作用的手段，所以是一种政治和财政科学的理论；或者反过来，是对业已选择的政治制度和财政制度的一种阐述。

这个概览还可以进行多种多样的分门别类。不过在这个概览里，我仅仅想指出，在所提到的这几点中，只有第一点是永恒的，如同人的自身本质就整体而言是不变的。但其余两点允许有形形色色、丰富多彩的变化形式。不过，如果这些变化形式不是根据十分普遍、为所有的人都同时采用的考虑而产生的，而是由于其他的、更为偶然的环境所使然，例如在一个国家里，有一个巩固的政治制度，有无法改变的财政机构设置，那么，所提到的这几项工作中的第二项工作，就会陷入一种十分巨大的窘境，而且往往因此也让第一项工作深受其害。人们肯定可以在这些冲突和类似的冲突中找到国家脆弱的很多原因。

因此，我希望我在试图提出上述原则时所确定的这种意图会得到充分的肯定。不过，即使在作这些限制的情况下，我也绝不会由于这种意图的成功而沾沾自喜、得意异常。也许总的来说，所提出的这些基本原则的正确性少受一些非难，但肯定无疑的是，它们还缺乏必要的完整性，缺乏准确的界定。为了确定这些最高原则，而且恰恰首先是为了这个目的，也有必要进行最详尽的深入研究。然而按照我的意图，不允许我在这里这么做。倘若我同时竭尽全力，争取在我的内心里仿佛为我在前面所写的东西做些准备工作，那么，这样一种努力永远不会在同样的程度上取得成功。因此，我乐于以更多地提出一些尚需充实的学科为满足,而不是对整体本身作充分的阐述。不过我希望,我所说过的话总是足以更加清楚地表明了在这整篇论文里我的真正意图,即国家最重要的着眼点必须永远是按公民的个性发展其个人的力量;因此,除了公民们仅靠自己无法办到的事情即促进安全之外,国家永远不许把任何其他的事情拿来作为它发挥作用的对象;这是唯一真正而可靠的手段,能把似乎是相互矛盾的事物,即国家整体的目的和公民个人所有目的的总和,通过一条牢固和持久的纽带紧密地相互结合在一起。

第十五章　结束理论分析：维系国家大厦的必要手段与前述理论的关系

内容提要：维护国家大厦所需要的手段与所提出理论的关系——理论阐述之终结——各种财政机构设置——内部的政治宪法——从权利的观点观察前面所提出的理论——这整个理论的主要观点——这种理论的历史和统计在多大程度上能有所帮助——公民与国家的关系以及公民之间的关系的解除。这种解除关系的必要性

因为我现在已经完成了在前文[见（原文）第115—120页]①里的整个研究计划框架中我感到似乎唯一剩下的论述，于是，我已竭尽全部力量，充分地和详尽地回答了现在的问题。因此，如果我不必还提到一个论题，我在这里就可以结束我的论述了——这个论题可能对前面的论述具有一种非常重要的影响，即不仅使国家本身可能发挥作用，而且甚至必须保障国家生存的手段。

即使要实现最有限的目的，国家也必须有足够的收入。仅仅由于我对什么叫财政之类问题的一切东西的无知，就使得我不可能在这里作长篇大论。而且根据我所选择的计划，长篇大论也是不必要的。因为我在论文开头就已经指出，我在这里谈的不是根据国家手中拥有发挥作用手段的数量来决定国家的目的，而是讨

---

① 见第十章末。——译者

论国家发挥作用的手段的数量是由国家的目的决定的[见(原文)第……页①]。只是为了这种相互关系之故,我不得不指出,在财政机构的设置方面,不许忽视考虑国家里人们的目的,因此也不许忽视考虑对由此产生的国家的目的限制。哪怕仅仅浮光掠影地看一眼很多的警察机构和财产机构的相互交织,就充分地说明这一点。

依我之见,对于国家来说,只有三种收入:

(1)从国家自己保留的或自身带来的财产获得的收入;

(2)从直接的捐赋获得的收入;

(3)从间接的捐赋获得的收入。

国家的整个财产都带来害处。我在上面[见(原文)第51—53页]②已经谈到过国家作为国家总是具有过重的分量;倘若国家是财产所有者,那它就必然会进入很多的私人关系中去。因此,人们仅仅因为需要才希望有一个国家机构的设置,而在这种需要根本无关的地方,权力也一起发挥着作用,这种权力仅仅在考虑到这种需要时才得到承认。同样,间接的捐赋也有害处。经验表明,很多机构是以它们的规章及其改进为前提的;毋庸争议,前面的推论是不可能苟同这种规章的。因此,只剩下直接的捐赋。

在直接捐赋各种可能的制度中,重农主义的制度毋庸争辩是最简单的体制。不过——这也是一种经常提出的异议——在重农主义的体制里,最自然的产品之一被遗忘了,未被列举出来,即人的力量,因为人的力量在我们的机构设置里,由于它的作用、它的工作也变为商品,人力也必须同样被征税。如果说人们不无道理地把我在这里回头谈论到的直接捐赋制度称之为所有的财政体制中最坏和最不适合的体制,那么,人们不得因此而忘记,如果

---

① 这里指的是(原文)第28页等,指的是属于现在尚付阙如的那些手稿页数的一段,在《塔利亚》发表的文章里也找不到这一段。——德文版编者注

② 见第三章。——译者

要严格限制国家的作用,国家就不需要有巨大的收入,如果国家甚至没有自己的、与公民分享的利益,国家就能够更有把握地得到一个自由民族的帮助,也就是说,根据所有时代的经验,更有把握地得到一个富裕民族的帮助。

正如财政机构的设置可能会妨碍执行前面提出的那些原则一样,在内部的政治宪法方面情况也一样,也许更加有过之而无不及。也就是说,必须有一种手段,能把民族中进行统治的那部分人和被统治的那部分人相互结合在一起,能保障前者拥有后者托付给他们的权力,保障后者享受还留给自己的自由。在不同的国家里,人们试图采用不同的方式来达到这个目的,时而通过强化政府的、可以说是有形的暴力——诚然,这样做对自由来说是危险的——时而让若干针锋相对的权力相互对立,时而通过在民族里传播一种对宪法有利的精神。最后这种手段尽管尤其在古代带来多么漂亮的形态,它对培养公民的个性容易变为有害,往往带来片面性,因此,它至少在这里提出的制度里是不可取的。

毋宁说,根据这种制度,必须选择一种政治的宪法,它应该尽可能少地对公民的性格具有正面的、特殊的影响,除了在公民中形成最高度地尊重他人的权利另加热烈地珍爱自己的自由外,这种宪法不应产生任何别的作用。在所有可以设想的宪法中,这是一种什么样的宪法,对此我并不试图在这里审查,因为这种审查显然属于真正的政治理论。我仅满足于提出下述一些简短的意见,它们至少会更明确地显示出这样一种宪法的可能性。我所提出的制度,强化着公民的私人利益,使之数倍增加,因此,似乎这样一来,公共利益就被削弱。不过,后者也与前者息息相关,以至于毋宁说,后者是建立在前者①的基础之上的,即它要得到每一个

---

① 这里的"后者"指"公共利益"即主要是国家利益,"前者"指"私人利益"。——译者

公民——因为人人都想成为安全和自由的人——的承认。也就是说,恰恰是在这种制度里对立宪的热爱会得到最良好的保持,在其他情况下,人们常常通过一些十分巧妙的手段,徒劳无功地努力强调对立宪制度的热爱。

　　于是在这里就出现这种情况:应该较少发挥作用的国家也需要较小的权力,而较小的权力就需要一支较小的军队。最后,不言而喻,正如有时候力量或享受不得不牺牲给那些结果以免让二者遭受更大的牺牲一样,在这里,这种"两害相权取其轻"的做法也必须总是得到应用。

　　现在,我已经尽我目前的力量之所能彻底回答了所提出的问题,从所有的方面给国家的作用范围划定了界线;我感到这些界线既是有益的,也是必要的。不过同时,我仅仅选择了最好的观点;除了这种观点外,权利的观点可能似乎也会令人无不感到兴趣。不过,如果一个国家社会确实自愿地规定了某种目的,规定了发挥作用的可靠界线,在这种地方,这个目的和这些界线当然是合法的,只要它们具有这样的性质,即对它们作规定是掌握在规定者的权力之中,它们就是合法的。凡是在没有着重明确做出这种规定的地方,国家当然必须试图把它的作用撤回至纯粹理论所规定的地方[①],但是,也要视所受到的各种障碍而定,忽视障碍结果将会具有更大的害处。因此,民族可以有权在这个范围内要求遵循那种理论,但是永远不得提出更进一步的要求,只能到这些障碍不致造成无法实行那种理论时为止。我在前文里没有提及这些障碍;迄今为止,我只满足于阐明纯粹的理论。

　　整体而言,我试图在国家里为人找到最优越的地位。我感到,这种地位似乎应该是:最多姿多彩的个性,最地道的独立自主

---

　　①　前文"纯理论"规定国家的作用仅仅在于保障公民的权利不受侵犯。——译者

和各种个人之间的同样最多姿多彩和最诚挚的结合并存——这是一个只有借助最高度的自由才能解决的问题。论述一种国家机构设置尽可能少给这个终极目的制造障碍的可能性，本来就是写作这几页文章的意图，而且很久以来就一直是我整个思考的对象。倘若我已经证明，在建立所有国家机构时，立法者会依稀感到这条原则至少可以作为理想原则，那我就心满意足了。

这些理念可能通过历史和统计——二者是针对这个终极目的的——会得到更进一步的解释。从根本上讲，我往往感到统计需要改革。统计不应该仅仅是提供数量的纯粹数据，有关居民、财产、一个国家的工业数量的纯粹数据，从这种纯粹的数据中永远不能可靠地判断国家的真正状况；它应该从国家及其居民的自然状况出发，试图描述他们的积极活动、受苦受难和进行享受的力量的规模和种类，并且逐步描述这些力量的变化形式，发生这些变化部分是由于在它们之间形成民族的联合体，部分是由于建立国家。因为国家宪法和民族的联合体，尽管它们是多么密切地相互交织在一起，是永远不会相互混淆的。如果说国家给公民们规定一种特定的关系，不管是通过它的优势权力和暴力也好，也不管是通过习惯和法律也好，那么，除此而外，还有另外一种由公民们自己选择的、无限丰富多彩的和经常变幻不定的关系。而后一种关系即民族相互之间的自由作用，才真正是保持着所有那些财富的东西，对这些财富的渴望才把人们引入一个社会。国家的宪法隶属于作为宪法目的的一种关系，而且总是仅仅作为一种必要手段被选择，因为国家宪法永远与对自由的种种限制息息相关，它是作为一种必要的祸害被选择的。民族之自由发挥作用与国家宪法之被迫发挥作用的相互混淆，会给人们的享受、力量和性格带来有害的后果，因此，指出这些后果也是写作这几页文章的一个次要意图。

第十六章　前述理论的实际应用

内容提要:理论上的真理与实践的关系——实践时必要的小心谨慎——进行任何改革时新的情况必然与从前的情况相联系——如果人们让改革始于人的理念,这最会获得成功——由此产生的一切改革原则——把这些原则应用到当前的研究上去——这里提出制度的最突出的特点——实行这种制度时令人忧虑的危险——由此产生的在实行这种制度时必要的、顺序渐进的步骤——实行时必须遵循的最高原则——把这条原则与所提出理论的主要原则相结合——从这种结合产生的必要性原则——必要性原则的诸优点——结束语

对涉及人的、尤其是涉及行为中的人的各种真理的任何阐述,都会导致产生这样的愿望,即想看到理论上证明是正确的东西,也在实践中得到实施。这种愿望符合人的本性,人很少会满足于纯粹理念令人默默享受的慈善赐福,随着人们善意参与分享社会的幸福的程度日增,这种愿望会日益强烈。但是,不管这种愿望多么自然,不管它的渊源多么高尚,它带来有害的后果也并非罕见,而且往往比更为冷淡的漠不关心态度带来更为有害的后果,或者——因为正好也可能从反面产生相同的作用——带来炽烈的热情,这种热情较少关心现实,而是仅仅陶醉于欣赏各种理念纯粹的美。因为真的事物一旦——哪怕仅仅在一个人身

上——更加深刻地扎根,总是把健康有益的结果传播到现实生活中去,只不过更缓慢一些,更悄无声息一些,因为与此相反,直接传播到现实生活中的东西,往往在其传播中改变着它自己的形态,甚至不会对理念产生反作用。因此,也有一些理念,贤人智者永远不会去实践它们。是的,对于精神最美的、最成熟的果实,不管在什么时代,现实永远不够成熟;理想对于任何一类雕塑家的心灵来说,总是仅仅作为不可企及的模型浮现于脑际。

因此,基于这些原因,尽管这种理论最少受到怀疑和最始终如一,在应用它时最好比平常更加谨慎小心;在我结束这篇论文的整个工作之前,这些原因更加驱动着我,在我力量许可的情况下,充分而又简要地检查一下,这些在前文里理论上阐明的原则,在多大程度上可能转化到现实中去。这种检验同时将会用来自我保护,以免有人责怪,我似乎想通过前面所写的东西直接为现实规定一些规则,或者哪怕仅仅不赞同在现实里与之相矛盾的东西——对于这样一种骄横狂妄,我是绝对要避得远远的,哪怕我承认我所提出的一切都是完全正确的和毫无疑问的。

如果对当前的状态进行任何改革,一种新的状态都必然是在迄今为止的状态之后尾随而至。但是,人们所处的任何一种情势,他们周遭的任何一种东西,都会在他们的内心产生着一种特定的、牢固的形式。如果人们给他们的力量强加一种不适当的形式的话,这种形式不可能转化为任何一种其他的、自己选择的形式,人们既会贻误他们的终极目的,也会扼杀他们的力量。如果人们通观一下历史上最重要的一些革命,那么,就不难发现,它们当中的大多数是产生于周期性的人类精神的革命。如果人们估计一下那些真正对地球上的一切变化产生作用的力量,并且在其中看到人的力量占据着主要部分,那么人们的这种观点还会更多地得到证实。人的力量之所以占据主要部分,是因为有形的大自然的力量由于其整体总是均匀的、永远形式单调地周而复始,在这方面不那么重要,而无理智造物的力量在这方面本身也是微不足道的。

人的力量在一个时期只能以一种方式表现出来,但这种方式可以不断变化,无限丰富多彩;因此这种方式在每时每刻都显示出片面性,但它在一系列连续不断的时期中却提供着一种令人惊叹不已的多样性画面。前一种方式的片面性状况总是或者是随后的那种方式的片面性状况的充分原因,或者至少是外在的、咄咄逼人的环境正好能够形成这种随后的状况的限制性的原因。因此,恰恰是前面的这种状况及其变化的形式也决定着周围环境的新形势应该如何对人发挥作用,这种决定的力量很大,所以这些周围环境本身往往因此而得到一种完全不同的形态。

因此,地球上所发生的一切都可以称之为好的和有益的事情,因为人的内在力量能够驾驭一切力量,不管其性质是什么,它都能驾驭,因为这种内在力量在其各种表现里无不可能发挥着造福于人的作用,只是在程度上有所不同,因为它的任何表现都会从某一方面使它更坚强,使它得到更多的培养。因此,除此而外,整个人类的历史也许无非是人的力量革命的一种天然顺序;这从根本上讲也许不仅是历史最富有教育意义的探讨,而且也将会教育任何一个致力于对人发挥影响的人,教他必须试图通过何种途径去引导人的力量,使之不断进步,让他永远也不许无理要求人的力量应该走何种途径。因此,正如人的这种内在力量由于激起对它尊重的尊严而值得最优先考虑一样,它同样通过借以制服一切其余东西臣服的暴力,迫使人们要作这种最优先的考虑。

所以,谁若试图据此进行把一种事物新的状况巧妙地与此前状况编织在一起的艰巨工作,他将尤其不许忽略人的内在力量。因此,他首先必须指望当前对人的心情充分发挥作用;倘若他想在这里切断联系,那么,他虽然可能会改造事物的外在形态,然而永远不能改造人的内在情绪,后者又将传播到人们以暴力强加于它的一切新的东西上去。哪怕人们并不相信，人们愈是让当前充分发挥作用，人就愈是会厌恶另外一种随后出现的状况。恰恰在人的历史上，极端的东西最贴近地结合在一起；任何外在的状况，如果人们令其不受干扰地不断发挥作用，都不是在巩固自己，而是在造就自己的消亡。不仅所有时代的经验显示着这种情况，而且这也符合人的本性，既符合积极活动的人的本性，也符合遭受苦难的人的本性；前者除了花费精力在一个东西上找到材料外，不会花费更长久一些时间停留在这个东西上面，因此如果他最不受干扰地做完了这件事，他也恰好最容易过渡到另一个东西上去。而在后者身上，虽然压迫的持久会使力量迟钝失去锐意，但他会更加严峻地感到这种压迫。①

　　然而，不必去触动事物的当前形态，也有可能对人们的精神和性格施加影响，即有可能给人们的精神和性格规定一种不再适合于那种形态的方向；而这恰恰是贤人智者将会试图去做的事情。只有通过这条途径，人们才能在现实中恰恰以脑海中设想的样子实施一项新的计划；如果采取任何其他的办法，除了人们破坏人的发展的自然进程而总是要造成的损害之外，还由于由前一种状况仍然留在现实里或者留在人们头脑里的东西，该计划将会被修订，被改变，被歪曲。然而，如果从道路上清除了这种障碍，不管从前的状况以及由从前的状况促成的当前形势如何，事物新决定的状况就可能发挥充分作用，就不再允许有任何东西阻挡在改革的道路上。因此，有关一切改革的理论最普遍的原则也许就是下列两条：

　　1.在现实不再能够充分阻止这个纯粹理论的各种原则显示它们在没有任何外来干预的情况下总能实现的结果之前，人们永远不要把这些原则套用到现实当中。

---

　　①　这句话里的"前者"指"积极活动的人"，"后者"指"遭受苦难的人"。——译者

2.为了促进从当前的状况向着新决定的状况过渡，人们要尽其所能，让任何改革都是以人们的理念和头脑为出发点。

在前面提出的、纯粹理论的各项原则里，我虽然处处以人的本性为出发点，但在这些原则里，我也没有以各种力量的非凡标准，而是仅仅以一般的尺度为前提；不过，我总是仅仅以这个尺度必然固有的形态设想它，尚未设想这种尺度由于某种特定的关系通过这种方式或那种方式已经形成了某种形态。然而，在任何地方，人都不是这样生存的，他所生存的环境处处都给予他一种积极的、只是多少有些偏差的形式。因此，凡是一个国家致力于根据一项正确理论的那些原则，扩大或者限制它的作用范围的地方，国家就必须优先考虑到这种形式。在国家的行政管理这一点上，理论和实践之间的不协调，正如很容易预见的一样，将会处处都由于某种程度上缺乏自由而产生。因此，似乎从枷锁中解放出来在任何时候都是可能的，而且在任何时候，这种解放都是造福于人的。但是，不管这种论断本身多么千真万确，人们不可忘记，作为枷锁的东西，一方面妨碍着人的力量，另一方面也在变为促使人的力量活动的材料。

我在这篇论文开头就已经指出，人与其说更倾向于自由，不如说更喜欢统治，一座统治的大厦不仅使筑造和维持它的统治者感到高兴，而且想成为一个整体的各个环节的思想甚至也鼓舞着从事服务的那一部分人，这个整体的力量和寿命超出一代又一代人的力量和寿命。因此，凡是这种观点还占统治地位的地方，如果想强迫人去发挥作用，哪怕仅仅在自己身上和为了自己发挥作用，哪怕仅仅在他的各种力量的存在空间里，哪怕仅仅在他生命期里，发挥作用，人的毅力必然会消失，而松懈怠惰和无所作为会油然而生。他自己也仅仅以这种方式对最不受限制的空间和最不容易消逝的时间发挥着作用，不过，他也不是那么直接发挥作用。毋宁说，他在撒播自行发育的种子，而不是建起大厦，种子恰恰留下他的双手的痕迹。必须要一种更高程度的文化,才能更多享受参与积极活动的快乐,积极活动只造就各种力量,并放手让它们自己去产生各种结果,这会比那种直接自行得到结果的活动使人享有更多的快乐。文化达到这种程度就是自由的真正成熟。然而这种成熟尚未在任何地方充分实现,而且即使它充分实现了,我坚信,对于感性世界的、哪怕多么乐于超脱自我的人,这种成熟也将永远依旧是陌生的。

那么,想进行这样一种改变的国务活动家必须做些什么呢?首先,在新采取每一个不是作为事物一次性状况之后果的步骤里,他应该严格遵循这种纯粹的理论,因为在当前必然会存在着一种状况,如果人们想把这理论嫁接于现实,这种状况就会改变现实,完全或部分地摧毁当前的结果。其次,对于在现实中已经设置对自由的各种限制,他应该让它们不受干扰地继续存在,直至人们通过明确无误的信号表明,他们把这些对自由的限制看成是束缚人的桎梏,表明他们已经感到这些限制的压迫,即表明他们在这方面已经成熟到能走向自由了;但是这时,他就应该毫不犹豫地取消这些限制。最后,他应该通过任何可能的手段促进人们走向成熟,走向自由。

毋庸争辩,最后这一点是最重要的,而且在这个制度里也是最简单的,因为不管通过什么东西,都不能像通过自由本身那样在同样的程度上促进这种走向自由的成熟。那些往往利用这种缺乏成熟作为一种让压迫继续持续下去的借口的人,虽然不承认这种论断,不过我想,出于人的本性,成熟将会无可阻挡地接踵而至。缺乏走向自由的成熟,可能仅仅渊源于缺乏智慧和道德的力量;只能通过增进知识和道德的力量来克服这种缺乏成熟;但这种增进要求人们去实践,而实践则又要求人们享有能唤起自主活动的自由。

诚然,如果人们解开戴着枷锁的人身上的枷锁,而他尚未感到它们是枷锁,这不叫做有自由。但是,对于世界上任何人,不管他被大自然弄得多么落魄,不管他的地位使他多么丧失尊严,他对待压迫他的一切枷锁,情况都不是这样的。因此人们也许是要逐步地、恰好依照自由感增强的顺序来解开桎梏,而且随着迈开每一个新的步伐,人们将会加速向前迈进。认识这种觉醒的标志还会引起巨大的困难。不过,这些困难既非在于理论,也非在于实际上绝不允许任何特殊规则的论述,而是在于这仅仅是天才的作品,这一点到处都一样,在这里也如此。在理论上,我将试图通过下述方式,弄清楚这件当然十分难于阐述的事情。

立法者必不可少地要注意两件事情:1.纯粹的理论,直至阐明了最详尽的细节;2.他所要改造的具体现实的状况。他不仅要最准确地和最彻底地纵观理论的所有部分,而且也必须从其整个范围及其错综复杂的交织关系角度,注意到每一项具体原则的必然后果,如果不能一下子实现所有的原则,也必须观察一种后果对另一种后果的相互依赖关系。同样,他也必须——当然,这事要困难得多——了解现实的状况,了解国家给公民和公民之间不顾理论的纯粹原则、在国家的保护下所强加的各种束缚,和了解这些束缚所造成的一切结果。

他必须对这两幅画进行相互比较。如果在比较中——包括在把理论的一项原则套用到现实中之后——发现,原则依旧不变,而且正好产生第一幅画所描述的结果,这时就是把这条原则转化为实现的时刻;或者如若情况并非完全如此,但是可以预见,如果现实更加接近理论,就会帮助克服这种不足,那也是把一种原则应用到现实中去的时刻,因为这个最后的目标即这种十分的接近必然不断地吸引着立法者的目光。

这个在某种程度上形象化的观念可能显得很奇特,也许还要显得更甚。人们可能会说,这两幅画根本不可能保持真实,更不可能进行准确比较。所有这些异议都有道理,不过,它们会丧失很多锋芒,如果人们考虑到,理论总是仅仅要求自由,而现实状况只要偏离理论,就总是只显示出强迫。人们为什么不用自由换取强迫的原因,总是仅仅在于不可能性,而在这里,按照事情的本质,这种不可能性只能在于下列两方面当中的一方面:要么是人们或者形势尚不易接受自由,因此,这时自由——它可能产生于这两个原因——破坏着各种成果,如果没有这些成果,人们不仅不能设想有什么自由,甚至连生存都难以想象;要么是这种理论——这仅仅是第一个原因所固有的后果——没有产生有益的结果,在其他情况下,有益的结果总是伴随着这种理论应运而生。

然而,除了把两者即当前的状况和改变了的状况作整体设想并对两者的形态和后果进行细致的相互比较外,人们对它们也不可能作别的评判。如果人们考虑到:在公民本身当中的一些迹象在某种程度上向国家流露出来之前,国家本身也没有能力进行改变,在枷锁变得使人不堪重负,国家又不能铲除枷锁时,国家仿佛只需当旁观者,如果出现要撤销对自由的限制的情况,国家仅仅必须预计其可能性或不可能性,因此只需任由必要性来决定,那么,困难还会变得更加少。

最后,我也许不必特别指出,这里论及的情况仅仅是,国家从根本上讲不仅有可能在物质方面,而且在道德方面,也有可能进行某一种改变的情况,也就是说,权利的各种原则并不相互对立的情况。不过,在作后一种界定时不许忘记,天然的和普遍的权利是一切其余的、积极的权利的唯一基础,因此必须回复到这种权利上来,所以,任何人在任何时候都不能采取任何方式,获得一种未经他人同意或者违背他人意志任意支配他人的力量和财富的权利。这是一条权利原则,可以说,它是其余一切权利原则的渊源。

所以,在这个前提下,我不揣冒昧,斗胆提出下述原则:

只要存在可能性而且没有真正的必要性理由阻止时,国家在限制它的作用的界限方面,必须使各种事物的真正状况尽可能地接近正确和真正的理论。但是,这种可能性是建立在这样的基础之上:人们足够成熟,易于接受理论总是倡导的自由;理论能够发挥有益的结果,而且结果本身总是不伴随有与之对立的障碍;针锋相对的必然性理由是建立在这样的基础之上:突然经受考验的自由并不破坏各种如果没有它们,那么不仅任何其他的进步,而且甚至连生存本身都会陷入危险之中的成果。必须总是对当前的形势和变化后的形势以及它们双方的种种后果进行细致的比较,然后依此来对这二者进行判断。

这条原则完全是通过把在前文中联系到所有的改革而提出的原则(见原文第 197 页)①应用到这种特殊情况而产生的,因为不管是人们尚不易于接受自由也好,还是所提到的必要的成果受到自由的损害也好,现实都妨碍着这种纯理论的各项原则去产生某些结果,倘若没有任何外来的干预,它们本来总是能够带来这种结果的。

现在,我对提出来的这条原则也不再作进一步的补充论述。虽然我本可以对各种可能的现实状况进行分门别类,并指出如何对它们应用这条原则。不过,我若这样做,就会违背我自己的原则。我曾经说过,任何这种应用都要纵观整体及其各个部分最确切的相互联系,而仅仅通过纯粹的假设是不能提出这样一种整体的。

倘若我把前面阐述的理论所强加给国家的各种法律与这条国家实际行为规则结合起来,那么,国家总是只许让必要性来决定它的活动。因为这项理论只准许它关心安全,因为单一的人是不可能达到(安全)这个目的的,因此,唯有这种关心是必要的。只要当前状况没有迫使国家偏离这个理论,实际行动的规则就使得国家严格受到这种理论的约束。因此,这就是必要性原则,在

---

① 本章前文。——译者

这整篇论文里所表达的各种理念都是要力争实现这条原则,犹如力争实现各种理念的最终目标一样。

在这种纯粹的理论里,唯有自然的人的个性决定着这种必要性的界限;在落实理论的过程中,还有现实的人的个性也决定着这一界限。我认为,这条必要性原则必须给每一种实际的、针对人的努力规定最高的规则,因为它是导致各种可靠的、毋庸置疑的成果的唯一原则。

与它可能背道而驰的有益的东西,不容许人们做出纯粹和可靠的判断。这种东西要求对概率作种种估计,按其本质概率预计不可能不犯错误,撇开这种情况不讲,这类预计也可能有被某些最微不足道的、此前未曾预见到的情况所妨碍的危险;与此相反,必要的东西本身会强有力地把自身强加给感觉,必要性所要求的事情,不仅是有益的,而且是不可或缺的。其次,因为有益性的程度可以说是无穷无尽的,有益的东西总是不断要求采取新的措施,越来越新的措施,因为与此相反,如果限定在必要性所需要的东西上,因为即通过它给自身的力量留出较大的活动空间,那么这种限定本身就会减少对自身力量的需要。最后,关心有益的事情大多数导致国家采取正面的、对于必要性来说大多消极的措施,因为——尽管人的自主活动的力量十分强大——不容易出现有别于要把人从某一种束缚人的枷锁下解放出来的必要性。

基于这一切原因——作更详细的分析可能还会增加某些其他的原因——除了这条原则外,再也没有其他的任何原则能与敬畏自主活动的人的个性和渊源于这种敬畏的、对自由的关怀如此协调一致。

最后,使各种法律仅仅产生于这条原则是赋予各种法律以力量和威望的唯一切实可靠的手段。人们对达到这个最终目的诸多途径提出了建议;作为最可靠的手段,人们想说服公民,让他们相信各种法律的善意和有益。不过,哪怕承认在某种特定的情况下有这种善意和有益,要使人们信服一种机构设置的有益之处,总是要不辞辛苦,费尽心机;不同的观点会产生对此的不同意见;内心喜好本身也在抵制着说服工作,因为任何人不管他是多么乐于获取自己已经认识的益处,他总是会抗御着人们强加给他的有益的东西。与此相反,对于必要性的束缚,任何人都会自愿地服从,俯首帖耳。在已经存在着某种错综复杂形势的地方,要洞察必要的事情本身比较困难;然而,恰恰是实行这条原则,形势总是变得越来越简单,而这种洞察就越来越容易。

我在本文开头为自己划定了一片原野,现在,我已经涉足了这整个领域。在这中间,我深深感到我的心灵充满着对人的内在尊严和自由的尊重,唯有自由符合这种尊严。但愿我所表述的各种理念和我赋予它们的表达风格无愧于这种感觉!

附录 威廉·冯·洪堡生平年表

1767 年 6 月 22 日	威廉·冯·洪堡出生于波茨坦
1769 年 9 月 14 日	亚历山大·冯·洪堡出生于柏林
1779 年 1 月 6 日	父亲亚历山大·格奥尔格·冯·洪堡在柏林逝世
1787 年 10 月 1 日	洪堡兄弟开始就学于法兰克福(奥得河畔)大学
1788 年 4 月 23 日	威廉·冯·洪堡到格廷根大学继续就学
1789 年 7 月到 12 月	到巴黎和瑞士旅行
1790 年 1 月	在柏林高等法院开始候补官员生涯
1791 年春季	告假离开国家公务工作
1791 年 6 月 29 日	与卡罗琳·冯·达赫罗登(Caroline von Dacheröden)结婚
1792 年	著述《论国家的作用》
1794 年 2 月	迁居耶拿。从 5 月份起每天与席勒交往

1795 年春季	著述《论性别差异以及对器官性质的影响》(Über den Geschlecht-sunterschied und dessen Einfluβ auf die organische Natur) ,《关于男性和女性形体》(Über die männliche und weibliche Form)
1796 年 8 月至 11 月	游历北德
1796 年 11 月 14 日	母亲逝世
1797 年 11 月 18 日	与家人一起到巴黎
1799 年	发表《美学初探,第一部分:论歌德的赫尔曼和多罗特娅》(Aesthetische Versuche, Erster Theil:Ueber Goethes Hermann und Dorothea)
1799 年 9 月 8 日	全家起程到西班牙旅行
1800 年 4 月 16 日	返回巴黎
1801 年 4 月 19 日至 6 月 14 日	到巴斯克各省旅行
1801 年 8 月 2 日	全家迁居埃尔富特
1802 年 5 月 25 日	被任命为普鲁士驻罗马教廷代办
1802 年 11 月 25 日	携全家抵达罗马
1803 年 8 月 15 日	儿子威廉死于亚里细亚(Arriccia)
1807 年 7 月 9 日	蒂尔西特和平
1808 年 10 月 14 日	起程返德国
1809 年 2 月 10 日	任命为国务枢密顾问以及文教局局长
1809 年 4 月 14 日至 12 月 5 日	在普鲁士政府所在地柯尼斯堡
1810 年 1 月 26 日	抵柏林

1810 年 4 月 29 日	辞职
1810 年 6 月 14 日	被任命为驻维也纳公使和全权大臣
9 月 22 日	抵达维也纳
1812 年至 1817 年	外交使命 [1813 年 7 月 12 日至 8 月 22 日任普鲁士赴布拉格会议全权代表;1814 年 2 月 3 日至 3 月 29 日任沙蒂永会议全权代表;从 1814 年 8 月 8 日开始任维也纳会议普鲁士副代表;1815 年 7 月 15 日任普鲁士副代表出席巴黎和会谈判;从 1815 年 11 月 28 日起任在法兰克福(美因河畔)边境谈判的全权代表]
1816 年	发表译作埃斯库罗斯的《阿伽门农》
1817 年 10 月 5 日	抵达伦敦并接受普鲁士公使的工作
1818 年 11 月 4 日至 12 月 2 日	参加亚琛会议
1819 年 1 月 11 日	被任命为等级事务大臣
8 月 9 日	到柏林上任
9 月 20 日	卡尔斯巴德决议
12 月 31 日	被免去公职

1821 年	《论历史学家的任务》(Über die Aufgabe des Geschichtsschreibers),《对有关借助巴斯克语对伊斯帕尼亚土著居民的调查结果的审核》(Prüfung der Untersuchungen über die Urbewohner Hispaniens vermittelst der baskischen Sprache)
1822 年	《论语法形式的产生及其对思想发展的影响》(Über das Entstehen der grammatischen Formen und deren Einfluβ auf die Ideenentwicklung)
1823 年	《我们可以在何等程度上从美洲土著民族的残留语言去评价其原有文化状况》(Inwiefern läβt sich der ehemalige Kulturzustand der eingeborenen Völker Amerikas aus den Überresten ihrer Sprachen beurteilen)
1824 年	《关于字母文字及其与语言的语法构成的联系》(Über die Buchstabenschrift und ihren Zusammenhang mit dem Sprachbau),《关于小尚波利翁先生的语音象形文字》(Über die phonetischen Hieroglyphen des Herrn Champollion des Jüngeren)

1826 年	《关于以〈福者之歌〉闻名的〈摩阿婆罗多〉》（Über die unter dem Namen Bhagavad-Gita bekannte Episode des Maha-Bharata），《美洲语言调查未完成稿》（Untersuchungen über die amerikanischen Sprachen. Ein Bruchstück），《致阿贝尔–雷米扎先生的信：论一般语法形式的性质尤其是中文的来源》（Lettre à Monsieur Abel-Rémusat, sur la nature des formes grammaticales en général, et sur le génie de la langue chinoise en particulier），《论中文的语法结构》（Ueber den grammatis-chen Bau der chinesischen Sprache）
1827 年	《论二元论》（Über den Dualis）
1828 年	《关于南太平洋诸岛的语言》（Über die Sprachen der Südseeinseln）
1829 年 3 月 26 日	妻子卡罗琳·冯·洪堡逝世。《论一些语言中地点副词与代词的相似关系》（Über die Verwandtschaft der Ortsadverbien mit dem Pronomen in einigen Sprachen）

1830 年	《回忆席勒及其思想发展过程》（Vorerinnerung über Schiller und den Gang seiner Geistesentwicklung），《关于歌德在罗马的第二次逗留》（Über Goethes zweiten römischen Aufenthalt）
1835 年 4 月 8 日	威廉·冯·洪堡逝世
1836 年至 1839 年	《论爪哇岛上的卡维语。附人类语言构成的差别及其对人类思想发展的影响导论》（Über die Kawi-Sprache auf der Insel Java, nebst einer Einleitung über die Verschiedenheit des menschlichen Sprachbaues und ihren Einfluβ auf die geistige Entwicklung des Menschengesch-lechts），三卷本
1859 年 5 月 6 日	亚历山大·冯·洪堡逝世